LASTIMADA PERO INVALUABLE

COMPRENDIENDO TU VALOR MEDIANTE EL
PROCESO DE VALORACION DE DIOS

POR

SEAN CORT

Lastimada Pero Invaluable

Derechos de autor de 2011 por Sean Cort

Lastimada pero Invaluable

COMPRENDIENDO TU VALOR MEDIANTE EL PROCESO DE VALORACION DE DIOS

Impreso en los Estados Unidos de América

ISBN978-0-9832399-1-8

Todos los derechos son reservados únicamente por el autor. El autor garantiza que todos los contenidos son originales y no infringen en los derechos legales de cualquier otra persona o trabajo. Ninguna parte de este libro puede ser reproducida en cualquier forma sin el permiso del autor. Las opiniones expresadas en este libro no son necesariamente las de la editorial.

A menos que se indique lo contrario, las citas de la Biblia se toman de la Santa Biblia,NuevaVersión Internacional ®. Copyright © 1973, 1978, 1984 por la Sociedad Bíblica internacional. Utilizado con permiso de Zondervan Publishing House.

www.trueperspectivepublishinghouse.com

Lastimada Pero Invaluable

AGRADECIMIENTOS

Para mi Señor y Salvador Jesucristo, dedico todo lo que soy y hago para tu gloria yaceptación como ofrenda de gracias y adoración. Señor, sólo en Ti vivo y respiro.

Para las innumerables mujeres y rostros sin nombre que caminaron por esta vida sin darse cuenta de su valor y legado.

Cada persona que pasa a través del desierto o vive la guerra espiritual que conlleva la caminata cristiana termina un poco golpeada e incluso abusada. Todos en algún momento tenemos que ser recogidos y despolvoreados para que podemos recordar cual es el verdadero amor que restaura. Por causa del Calvario, ninguno de nosotros fue puesto aquí para ser abusado.

A cada niña vida y mujer que se encuentra a la puerta del destino con un pasado hiriente a sus espaldas,te desafío a levantar tu cabeza y mirar a través de esa puerta hacia las colinas de donde provienetu ayuda. Recoge el legado de aquellos que se han arrastrado, tropezado y cojeado con dignidad. Abrazaese legado por los que se pararon erguidos a pesar de su orgullo roto y gentilmente empujaron esa puerta hacia la gran marca de la llamada en Cristo Jesús.

Estoy aquí para decirte que Jesús te consideróINVALUABLE antes y durante tus tiempos más difíciles. Por eso estás aquí, para ayudar a lapróxima persona que venga detrás de ti.

Para mi padre espiritual, el obispo Joseph Nathaniel Williams. Gracias por su abrigo espiritual y por recordarme de mi valor.

Lastimada Pero Invaluable

PÁGINA DE AUTÓGRAFOS
_____

Debido a tu valor; autografía este libro para ti mismo o alguien más que valores.

Lastimada Pero Invaluable

CONTENIDO

INTRODUCCION..xiii

Capitulo Uno

TRAICIÓN

Nunca Solos………………………………………………..15

Traiciones Cotidianas…………………………………....16

La Primera Traición………………………………….....18

Madera que Rechina……………………………………..20

La Hierba No Es Tan Siquiera Real……………………......22

El Dolor Tiene Eco……………………………………….....25

Cuando La Iglesia Te Traiciona……………………….…...27

Ocultos A Simple Vista………………………………….....29

¿Alguien Puede Oírme?……………………………….....33

Encontrando El Propósito De Tu Traición………………...35

Capitulo Dos

EL PROCESO INJURIOSO

Encuentra Una Esquina……………………………….…41

Evaluación De Los Daños……………………………………....42

Tu Lugar Secreto………………………………………..……44

Tu Condición No Será Tu Desenlace……………………..…47

Capitulo Tres

TOMANDO DOMINIO

Tu Forma De Pensar……………………………………………53

Toma De Conciencia……………………………………….....56

Reglas De Contratación………………………………..……..58

Saludo Matutino Al Espíritu Santo……………………..……59

Acepta los Hechos………………………………………...60

Declaraciones……………………………………………...63

No Más Miedo……………………………………….....…65

Declaración De Intenciones………………………..……...66

Tomando Dominio…………………………………….…..68

Capitulo Cuatro

EL PROCESO DE PERDONAR

Centavos y Rencor……………………………………….....71

Estoy Atascado……………………………………….....…73

Sólo los Hechos……………………………………….......74

El Que Este Sin Pecado..78

Fallando Obedecer...81

Lo Mas Difícil De Hacer..84

Escrituras Sobre el Perdón.......................................87

Capitulo Cinco

Tu Tiempo

¿Qué Es Tu Tiempo?..95

El Ensayo Ha Sido Cancelado..................................96

Algunas Partes Requieren Montaje............................97

¿Quién Soy Yo?..99

Aquí Es Como..102

Aumenta Tus Conocimientos..................................103

Se El Termostato No El Termómetro........................104

El Paquete Total...105

Capitulo Seis

INVALUABLE

Sumamente y Abundantemente...............................107

Busca y Destruye...108

Mantén Las Manos Ocupadas.................................110

El Regalo Del Tacto..112

El Desafío de Navidad..114

Juega Bien Con Otros...117

Esto Es Por El Calvario..118

Lo Único Que Importa..120

¿Y Ahora Que?..122

INTRODUCCION

Todos tenemos una historia que contar como tanto hemos visto en programas de televisión y la web. Pero antes de que existieran estas vías de comunicación entre las personas, todos teníamos que encontrar la forma de hacer nuestro punto.Para algunos puede que sea su sentido de la moda, y para otros su forma de hablar y comportarse. Pero,¿Cuál es nuestra verdadera historia?¿Con quién podemos ser auténticos y sobre todo; podemos ser auténticos con nosotros mismos?

Es obvio por la cubierta que este libro va dirigido principalmente a la mujer que tiene una historia que como su número de seguro social y tarjeta de identificación es muy personal y nunca compartida al menos que sea absolutamente necesario. Tal vez la gente con quien compartes esa informaciónconoce la cubierta de tu libro, pero jamásleerán la historia dentro de sus páginas.

Lastimada Pero Invaluable es esacompañía que revisará el origen de cada una de esas historias y te mostrará su intención y valor.Después de llegar a conocerte mejor y ganarme tu confianza, con tu permiso, este libro te ayudará en el nivel más espiritual y personal a hacer frente a muchas cosas como si estuvieras sentada en el regazo del guardián que siempre has querido tener.

Este guardián no te juzgará ni será áspero. Esteguardiánsimplemente te ayudará a hacer lo que solo tú puedes decidir hacer. Tener un funeral para el pasado y una celebración por el nacimiento delo nuevo.Este libro te enseñará como hacer la transición de víctima a vencedor, determómetro a termostatoy a la versión de ti misma que Dios planeó cuando te creo.

No es demasiado tarde; nunca es demasiado tarde. No será difícil porque la transición será una revolución personal desde adentro.Toda revolución se produce como resultado de la desesperación sincronizada. Estás a punto de encontrarte con una revuelta interna.No fuiste creada para el fracaso.Tus batallas perdidas fueron meras tareas que debías completar para poder seguir adelante.

Cuando llegues a la conclusión de este libro, nunca más vivirás por debajo de tu privilegio ni tampoco lo hará cualquier otra persona que ames y toques porque comprenderás tu inestimable valor y propósito en esta vida.

Lastimada Pero Invaluable

CAPÍTULO UNO
TRAICIÓN

Usted está leyendo este libro porque tiene la expectativa de algo. Confío en que esa expectativa sea encontrar la verdad. Prometo que tienes la verdad en tus manos ahora mismo. Independientemente de lo que estés sufriendo, si buscas la verdad, esta nunca te traicionará.

Aunque esta verdad sea algo nuevo para ti, instintivamente se adherirá y completará lo que ya sabes. Cuando la verdad sale a la luz, no la cuestiones y nunca la abuses. La verdad no necesita de ti; tú necesitas de ella. La verdad no merece ninguna recompensa, ni justifica una respuesta. La Verdad es absoluta- y por lo tanto, suprema.

NUNCA SOLOS

Cuando nos llega un sentimiento de traición, tiene la misteriosa capacidad de hacernos sentir como si fuésemos los únicos en sus frías y siniestras intenciones. Como resultado, el enemigo tiene la forma de hacernos sentirperversos y disfuncionales. Estoy aquí para decirte que eso es una mentira del maestro de las mentiras. Él opera a base de aislamiento y temor. Si puede aislarte y quitarte todo lo que tienes de valor, entonces puede asustarte lo suficiente para dejarte atolondrado en tu pijama y pantuflas, con demasiado miedo para aventurarte fuera de tu habitación para ver la verdadera vida que Dios ha preparado para ti.

En tal condición, el enemigo te hace cautivo de tu temor a lo desconocido. Como resultado, te condenas tú mismo a la bancarrota espiritual y emocional. Las verdades en este libro se fundarán mutuamente de capítulo a capítulo. No saltes a través de ellas como tantos rebotan por la vida y rostros que se encuentran en su camino cada día. Toma tu tiempo para analizar el tesoro en cada una de estas historias. Haz el punto de almacenar cada historia en tu repertorio para la persona que Dios envíe en tu camino que pueda necesitar la inesperada sabiduría de alguien como tú. Esa persona entonces comprenderá el adagio de "nunca juzgar a un libro por su cubierta". *El hecho es que, como resultado del pecado de Adán y Eva, todos debemos pasar por un lugar feo con el fin de llegar a un lugar hermoso.*

Tus experiencias dolorosas son parte del cálculo de valoración que Dios tiene por ti. La medida de pesadumbres que has tenido en tu vida eleva tu valor ante Él. Todos estamos juntos en este camino gracias a nuestro Dios, Jehová Nissi--la traducción del hebreo para *Nuestro Dios de amor y protección*—que nos guía a comprender cómo todo lo malo puede transformarse en bueno. Mi amigo, este capítulo es una pequeña muestra de las variadas y extremas circunstancias que todos atravesamos cada día. ¡Oh no! Tú no estás solo.

TRAICIONES COTIDIANAS

Una mañana estaba conduciendo por una carretera principal en la ciudad que vivimos. Eran las 8:45 y estaba de mi camino a mi habitual cita con el barbero a las 9 de la mañana. Tome nota de la hora porque efectivamente estaba a tiempo esa mañana. A pesar de que intento exprimir hasta el último segundo de cada minuto del día, no me molestó encontrarme estancado en una luz de pare que se tornó inusualmente larga. De todas formas, el tráfico en esa carretera había estado un poco más lento de lo normal debido a un proyecto de ampliación.

Tengo el hábito de multitarear espiritual y mentalmente, lo que siempre parece dejarme con el tiempo justo. Así que, mientras esperaba en esa parada, tome la oportunidad de visualmente explorar la construcción. Los proyectos de carreteras han sido una fascinación mía desde que era niño. Esto simboliza que el pasado siempre se refleja el presente porque aún me considero un niño amante de la diversión y transparente de corazón.

Siempre me ha atraído el proceso correcto y metodología de cómo funcionan las cosas. Incluso cuando no tiene sentido el por qué ciertas cosas conllevan tanto tiempo, concluyo que lo hacen por alguna razón específica. Mientras contemplaba éstas cosas, me di cuenta de la razón de la demora. Los obreros de construcción estaban moviendo una enorme pieza de equipo al otro lado de la carretera para poder duplicar el trabajo en ese lugar. Otros trabajadores daban señales manuales para operar el semáforo de manera segura.

Fue entonces que me di cuenta que el sonido chirriante sobre de mi cabeza era una línea eléctrica. Las líneas eléctricas son cosas comunes en la vida diaria, dependiendo de dónde vives. En las grandes ciudades sus líneas de sustento se encuentran bajo tierra y en las zonas rurales están usualmente montadas en postes de madera. Pero esta fue la primera vez que estuve tan cerca de una de ellas. Seguí el zumbido hacia uno de los postes e identifiqué de donde venía. *Sorprendente*, me dije a mi mismo. Un letrero del tamaño de mi placa de licencia leía: "Peligro, Alto Voltaje."

Así que, ahí me encontraba, sentado en tráfico con una línea eléctrica de al menos 35.000 voltios de electricidad colgando alrededor de treinta pies por encima de mi cabeza. Entonces pensé, "Si yo fuese lo suficientemente travieso y curioso podría causarme a mí mismo u otros daños muy serios." Entonces se me ocurrió, "¿Por qué esta algo tan peligroso, tan cerca de la carretera?"

Ese mi punto. Existen muchos aspectos de nuestra vida cotidiana que potencialmente traen peligros que ni siquiera conocemos. Estos peligros son a veces tan evidentes como esa línea eléctrica. Otros peligros no son tan obvios, pero podrían ser fácilmente descubiertos si tu mente está en el marco adecuado para observar y entenderlos. Tomemos, por ejemplo, la regla de tener que usar cinturones de seguridad en un avión de pasajeros mientras carretea en asfalto a veinte millas por hora. Sin embargo, a treinta mil pies de altura y viajando a 279 millas por hora, se considera seguro quitar el cinturón de seguridad. El peligro inherente es que si el avión cae en una bolsa de aire, nuestras cabezas golpearían el techo a más de 200 millas por hora.

Yo considero todas estas instancias traiciones. Nada es lo que parece. Tomemos, por ejemplo, todo el hielo que los restaurantes de comida rápida usan en una bebida. ¿Cuánto hielo realmente necesita esa gaseosa o agua? Realmente, si te fijas sólo te están sirviendo la mitad de la bebida. Ya no sabemos dónde está la verdad. La medicina nos ha engañado a creer que el tratamiento es mejor que la cura. Nuestros dirigentes nacionales están conscientes de las amenazas contra nuestra seguridad nacional, vida y bienestar, pero nos mantienen en la oscuridad para evitar el pánico masivo. Médicos, maestros, policías, niñeras, abogados y políticos se comprometen a un trabajo fundamentado en la integridad de poseer la autoridad y responsabilidad de proteger, pero muchos pervierten esa autoridad para su beneficio personal.

Todos nosotros hemos sido engañados, tergiversados o maltratados de una manera u otra. Dependiendo de tu tipo de personalidad, es casi seguro que una de tus primeras reacciones haya sido el sentirte traicionado.

LA PRIMERA TRAICIÓN

Todos podemos pensar al punto en nuestras vidas de la primera vez que nos hayan mentido. Recordar el momento en que alguien te quitó lo que no puedes guardar en un estuche: tu confianza. Tal vez eras demasiado joven para comprender la gravedad de esa primera traición, pero sabes que no fue de tu gusto. Tal vez tus primeros sentimientos de traición se produjeron cuando abriste un regalo, le instalaste baterías, lo encendiste y no ocurrió nada. No hizo lo que se supone hiciera. *¿Cómo era posible? Era algo nuevo, comprado para mí, que más nadie tuvo antes. ¿Cómo podría estar roto?*

¿Y qué sobre las primeras escaramuzas en la escuela de tu infancia donde algo se rompía, o misteriosamente desaparecía y luego tú recibías el crédito por esa calamitosa serie de eventos? Ahí te encontrabas totalmente inocente de culpa y enfrentando la pena. Aprendiste por primera vez lo que era sentirse mentido y falsamente acusado. No importa si fue algo deliberadamente planeado por algún compañerito siniestro para meterte en problemas, o puramente un caso de identidad errónea. Con el tiempo la vida te brinda la oportunidad de salirte con la tuya sin implicarte en otras cosas y comienzas a entender el significado de la palabra agridulce.

No debemos olvidar el ejemplo por excelencia de cuando alguien traiciona tu confianza. Conoces la historia. Le cuentas a alguien un secreto, tu primer secreto. Un secreto que hoy te hace sonreír por su sencillez. Pero en ese momento, no quieres ni que Dios lo sepa. Cualquier deslealtad de un confidente sería un acto de traición belicosa merecedor de la muerte- tú muerte. Cuando menos te lo sospechas, ese secreto tan personal que compartiste con una alma fuera de la tuya se escurre procedente de los labios de otra persona. Esta vez, eres ridiculizado y hasta despreciado por esa valiosa historia que confiaste a un supuesto amigo.

Este secreto pudo ser acerca de tu primer flechazo de amor, la primera mentira que te atreviste a compartir o peor, algo profundamente personal que hiciste o descubriste de ti mismo. Ahora quedas herido al lado de la carretera a la vez que un autobús te aplasta y tira al otro lado de la calle, desnudo y lesionado para que todos te miren y se rían de ti.

Finalmente, das por hecho que el mundo entero conoce tu secreto y que odias a todos los que te rodean a cien pies de distancia. ¡Qué doloroso y vergonzante, pero que educativo! Cuando miramos atrás a esos recuerdos de infancia, su inocencia produce una sonrisa e incluso una risilla suave en tu espíritu. Esos recuerdos de alguna manera nos consuelan igual que una manta caliente, como si fueren las únicas formas de traición que hubiéramos tenido.

La primera traición no es siempre tan académica o benigna. Para algunos de nosotros, esas primeras traiciones apalearon el núcleo de nuestra existencia con una precisión escalofriante que resultó en parálisis casi inmediata. Para aquellos de nosotros que compartieron ese sentimiento, no existe sonrisa cálida y, desde luego, ninguna consolación, a menos que consideres tener fragmentos de vidrio incrustados en los párpados algo agradable. ¿Te parece demasiado dura esta opción de palabras? Al menos aquí tenemos la ventaja de poder suponerfácilmente este tipo de experiencias.

En este mismo momento, hay un niño experimentando horrores que harían a los más duros criminales en espera de la pena de muerte retorcerse en una mueca de espanto y virar su cabeza si tan sólo pudiesen ver en una cámara de video lo que ocurre en el mundo de ese niño. Así de resistente como es la naturaleza y el espíritu de

Dios en estos niños, ellos se levantan al día siguiente para seguir existiendo. Algunos de ustedes fueron una vez estos niños que han crecido y ahora están leyendo estas páginas.

Algunas de estas traiciones han venido de la mano de miembros de familia e incluso padres. Estas personas violan confianzas que algunas especies de animales salvajes nunca contemplarían. Algunos han pasado a convertirse en adultos que juran nunca tener hijos por temor a que secretamente alberguen esos mismos demonios dentro de sí mismos. Algunos de estos niños maltratados crecen a convertirse en padres que se comprometen a una vida de amor y devoción a sus hijos como acto de fe, para finalmente matar e incinerar los despojos de estos seres malignos que viven dentro de ellos recordándoles lo que una vez fueron.

Algunos de esos recuerdos que pueden aún estar rondando tu espíritu incluyen violación, incesto, sodomía, abuso físico, abuso verbal, abuso mental, aislamiento, tácticas de miedo, hambre, explotación, esclavitud, secuestro, hipnotismo, brujería, manipulación, exposición a la pornografía e innumerables otras acciones espantosas. Vivir este tipo de situaciones deja a la mayoría sintiendo que *si existe Dios, a Él yo no le importo. Y si yo no le importo, entonces a mí tampoco me importa Él.*

He pasado más de 20 años en el Ministerio, producción de programas de charla televisiva y como consultor de empresas en una amplia variedad de industrias. Durante éstas experiencias llegas a conocer, entrevistar y aconsejar mucha gente mientras escuchas sus historias. De hecho, con tan sólo vivir y experimentar la vida, tú puedes haber oído y leído acerca de estas mismas historias.

MADERA QUE RECHINA

Tomemos, por ejemplo, una joven a quien llamaremos Dawn. Ella y su padre tenían una relación muy estrecha. Creciendo en las zonas rurales del sur de los Estados Unidos a principios de los años setenta, existía mucho tiempo libre al bajar el sol. Cuando su madre enferma estaba durmiendo, su padre ponía una cucharadita de brandy en el vaso nocturno de leche de su hermano para hacerlo dormir. Cuando finalmente se quedaba dormido, ella y su padre permanecían horas en el porche jugando a contar libélulas para ver quién podía contar más en una hora. También disfrutaban esos dulces momentos jugando damas e inventando cuentos de miedo acerca de lo que realmente acechaba en los campos de maíz después que el reloj marcaba la medianoche.

Una noche que Dawn no podía dormir, se sentó al borde de su cama para ver qué tan fácilmente los dedos de sus pies tocaban el suelo. Ella solía hacer eso una vez por semana para medir cuánto estaba creciendo como consecuencia de la leche que bebía cada noche. Su padre siempre le decía que si bebía leche todos los días, crecería a ser más alta y fuerte que él.

Esa noche en particular, desde el fondo del pasillo, el piso de madera parecía rechinar más de lo de costumbre. Ella solía quejarse a su padre, diciendo que los rechinos la despertaban algunas noches. Su padre siempre decía que era el marco de la casa cimentándose. Esa noche, como estaba bien despierta, se dio cuenta que los rechinos eran efectivamente los pasos de alguien. Dawn se levantó y se escurrió por la puerta que abrió lentamente. Entonces, vio la puerta de la habitación de su hermano ligeramente abierta y entro de puntadillas para ver lo que estaba sucediendo.

Ella no podía creer lo que veía. El horror era peor que cualquier historia de miedo que ella y su padre pudiesen inventar en el porche. Dawn vio a su padre -su héroe y mejor amigo- quitándole la ropa interior a su hermano y acariciándolo mientras dormía. Congelada y entumecida, fue testigo mientras su padre continuaba a hacer lo inimaginable y luego exclamó, "¡Papa, no!" El sonido de su propio grito la estremeció, un estrepitoso alarido que nunca había hecho en su vida.

Su hermano estaba demasiado adormecido para darse cuenta de lo que ocurría, pero Dawn nunca fue la misma. Hasta ese momento, no había sufrido decepción alguna. Ella y su hermano nunca habían recibido una paliza, o tan siquiera palabras bruscas de ninguno de sus padres. La vida de Dawn hasta ese momento había sido como una fantasía de un libro de cuentos, peroen cada vida debe caer alguna lluvia. Esa noche marcó el fin de la niñez de Dawn porque tuvo que asumir el papel de madre y vigilante nocturno para proteger el cuerpo de su inocente hermano.

No hay que aclarar que la relación de Dawn y su padre nunca fue la misma. Su madre eventualmente murió de su enfermedad y ella se quedó para criar a su hermano mientras vigilaba a su padre. Dawn nunca habló con su padre sobre lo que ocurrió esa noche y, desde luego, nunca le dijo a su hermano. Las acciones de su padre fueron una dura traición que ella nunca perdonó, a pesar de que su padre continuó fingiendo que aún era su mejor amigo.

Dawn se comportó civilmente para mantener la paz, pero hasta el día de hoy, no está en buenos términos con su padre. Ahora como mujer adulta, Dawn es capaz de comprender la soledad de su padre debido a la constante enfermedad de su madre. Lo que no pudo entender fue cómo un padre pudo haber utilizado a su hijo inocente para satisfacer sus impulsos sexuales. Lo único que ella podía ensayar en su cabeza era la posibilidad de que ese atroz acto pudo haber ocurrido en varias ocasiones debido a las innumerables noches que ella recordaba haber oído la madera rechinar.

Luego de ver que su hermano parecía estar disfrutando la vida universitaria fuera de casa, Dawn eventualmente se casó y mudó lejos de su familia. El comportamiento de su padre con su hermano cambió inmediatamente después de esa noche, y tampoco nunca tuvieron una relación cercana. En este caso, la víctima de abuso sexual fue capaz de retener su inocencia mental, mientras que el guardián-Dawn- sufrió la gran mayoría del daño.

LA HIERBA NO ES TAN SIQUIERA REAL

Para la mayoría de nosotros, nada grita traición más que cuando tu compañero, confidente o cónyuge te engaña y comete infidelidad sexual o emocional. En retrospectiva, a la mayoría de los que han estado en el lado receptor de esta experiencia se les hace difícil descifrar que causa más dolor--la infidelidad sexual o la infidelidad emocional. Algunas mujeres me han contado que la infidelidad emocional fue en definitiva lo que provocó la ruptura de la relación, incluso después que perdonaron la infidelidad sexual. Estas mujeres me dijeron que duele menos si se trata de un encuentro casual con una prostituta que con una compañera de trabajo con la que él se veía y almorzaba todos los días.

Los hombres con los que he hablado tenían sentimientos encontrados. La mayoría tenía un problema más serio con la infidelidad sexual que el aspecto emocional. Conduciendo terapia en capacidad ministerial, me di cuenta que la mayoría de los hombres tenía más problema con abandonar el territorio físico de una relación antes de la parte emocional o intelectual.

Aunque no se escucha mucho, las mujeres son tan territoriales como los hombres en cuanto a relaciones se refiere. Los hombres tienden a ser más territoriales sobre los derechos carnales de la relación con sus mujeres que con lo emocional o intelectual.

Por favor comprende que no todos los hombres se sienten de esa manera, pero muchos de nosotros sí. La mayor parte de la necesidad de un hombre en cualquier tipo de relación es el respeto de su mujer. La mayoría de ellas tienen una conexión con sus amigas o amigos homosexuales que no amenaza los hombres.

 Ese enlace se basa en simples cosas en común y conexiones intelectuales, la última tiende a ser más importante. Algunos hombres se sienten a gusto con eso, ya que significa que hay equilibrio y algo menos en su "lista de cosas que hacer". Pero tan pronto hay alguna atracción o manoteo, se acabó.

Aquí es donde ese mismo instinto de cazador/recolector que conquistó a la mujer entra en juego. Por otro lado, las mujeres tienden a ser más territoriales sobre el conjunto total de su hombre. Las mujeres que he asesorado en el ministerio y charlas televisivas no quieren compartir ninguna parte de su hombre, otra que no sea ver el juego con Joe o Bob uno que otro fin de semana. Incluso en esos casos, ella quiere estar segura que Joe y Bob no representan ninguna amenaza a la estabilidad de ella y su hombre.

En otras palabras, Joe y Bob mejor deben estar en una relación estable y comprometida. Si Joe o Bob tienen fama de "picaflor", ella no desea que infecten a su marido y amenacen lo que ella ha trabajado tan duro para construir y mantener. Tanto basta decir que las mujeres no quieren que su hombre entre en ningún tipo de infidelidad emocional con ninguna mujer heterosexual--ni otro hombre, cualquier sea el caso. Algunas mujeres con las que me he topado consideran la infidelidad emocional como motivo para una ruptura. En sus ojos una vez que compartes un pedazo de tu corazón con alguien más, con el tiempo, el cuerpo es sólo cuestión de conveniencia.

Esto establece el escenario para mi introducción de una pareja que llamaremosMike y Toni. Una pareja amante de la diversión que ha estado casada por sólo tres años. Se conocieron dos años antes de comprometerse. Durante sus dieciséis meses de compromiso recibieron el asesoramiento prematrimonial de su pastor. Así que, en total, han estado juntos durante más de cinco años. ¿Me sigues?

Desde el momento en que la vio, Mike persiguió a Toni como perro de caza a rastro sangriento. Ella era deslumbrante y con una confianza en sí misma que llamó su atención. Toni admiró la tenacidad y elegancia de Mike hasta que finalmente cedió a su persistencia. Amaba la forma en que él trataba a las personas y aún más, que la hacía sentir como si ella fuese la única persona importante en todo lugar. Avancemos rápido a seis años y medio más tarde cuando ellos acaban de celebrar su tercer aniversario de bodas.

Las cosas realmente están remontándose para Toni en su rol como poderosa ejecutiva corporativa y ahora se encuentra de viaje mucho más de lo que había previsto. Cuando ella y Mike se casaron, la carrera de Mike estaba en auge mientras Toni todavía estaba terminando sus estudios. Toni solía decirle a Mike que ella siempre estaría allí para hacerle su cena favorita -ziti al horno- fresca y al menos una vez a la semana. La pareja tuvo una relación muy física, por lo que Mike estaba acostumbrado a intimidad sexual por lo menos cada otra noche. Toni tenía que viajar por lo menos cuatro noches a la semana y las noches variaban de una semana a otra.

Mike sabía que algún día tendrían hijos y que él tendría que compartir a Toni con otra persona, pero nunca dispuso que esto llegara tan pronto y tan bruscamente a su vida. Has escuchado esta historia antes, estoy seguro. Eventualmente el apoyo de Mike hacia su poderosa ejecutiva esposa comenzó a decaer y pronto se volvió en resentimiento. La apuñalaba con sus palabras sarcásticas, sustituyendo las que una vez utilizó para relajarla después de un largo día y motivarla para la mañana siguiente.

Al principio, Toni trató de ser comprensiva pero se cansó de las reprobaciones y comentarios sexistas que ya recibía de sus otros compañeros de trabajo.

Mike se volvió cada vez más resentido y comenzó a confesarles a sus compañeras de trabajo sus problemas matrimoniales. Finalmente, una de sus amigas le extendió más simpatía que las otras y comenzaron a planear trabajar tarde juntos para poder estar solos. A la vez que Mike comenzaba su paseo por la resbaladiza ladera de infidelidad emocional, Toni encontró el hombro de un mentor en su trabajo en el cual llorar. Ese hombro se convirtió en un abrazo. Finalmente, comenzaron a planear viajes de negocios a la misma ciudad, para que ellos también, tuviesen la oportunidad de estar solos.

Con el paso del tiempo, Mike y Toni se dieron cuenta que el estilo de vida que llevaban no estaba bien delante de Dios o dentro de las promesas de su unión. Como el repiqueteo de la campana de cierre en la bolsa de valores de Nueva York, ambos decidieron poner fin a sus aventuras extramaritales, casi el mismo día. Ninguno de ellos me admitió lo que realmente ocurrió, pero les deje claro que necesitaban confesarse la verdad el uno al otro y ante el Señor. En nuestra última sesión de asesoría, Toni rompió en llanto y le pidió a Mike que la perdonara por no haber estado allí para él. Se sentía como si le hubiese tirado a la calle a valerse por sí mismo. Se había envuelto tanto en hacer dinero que había olvidado que él era su tesoro.

Mike admitió ser emocionalmente infiel y que había roto su mayor promesa de nunca orientar sus heridas o temores en nadie más que ella y el Señor. Le dijo que incluso no le importaba si ella había sido físicamente infiel, porque él había dejado de protegerla desde el momento que comenzó a atacarla. Por lo tanto, estaba agradecido de que alguien estuvo allí para protegerla de él.

EL DOLOR TIENE ECO

Como la gran mayoría de los matrimonios que sufren un divorcio, Mike y Toni pudieron haber fácilmente llegado a eso. La mayoría de las parejas que se ponen en esta situación intentan explorar pastos más verdes para ver si existe un lugar mejor tan sólo para descubrir que existe un barranco justo después de los primeros diez pies de verde hierba. Pero ellos decidieron que su amor era más fuerte que el dolor. Puede no haber sido igual de romántico y dulce para ti. Quizás hubo otros matices en tu ruptura que hicieron tu decisión irrevocable. Para algunas mujeres, pudo haber sido el tubo de acero que su marido agarró durante esa última pelea en el garaje.

Quizás fue porque él te saco en cara esos secretos oscuros y profundos que una vez le hiciste prometer que nunca repetiría. Entonces te das cuenta de que su odio por ti en ese momento fue tan grande que no vaciló en enterrar esa daga en tu corazón. Te cuestionaste a ti misma, ¿Y qué si la pistola hubiese estado cerca? ¿Hubiera ido por ella? De todas formas, te sentirías igual de aturdida y sin vida. Todo se torna dolorosamente silencioso y ahora estás viendo como tu vida se desarrolla a través de un monitor de televisión desde otra habitación. Ves su rostro y oyes sus palabras de lejos, pero ya nada importa. Todo lo que escuchas es tu pulso y el aire que se exprime de tu pecho.

No estás segura de si lo abofeteaste, le tiraste con algo, o le llamaste algo que nunca pensaste llamar a ningún ser humano. No importa. Ya decidiste en tu médula ósea que nunca sería lo mismo otra vez. De hecho, en lo que a ti concierne, todo se acabó.

¿Demasiada violencia para ti? ¿Y qué sobre el simple hecho de que la aventurilla sexual que juro nunca haber tenido te contagio con la enfermedad de transmisión sexual que te sigue dando que hacer? Ahora estás sola y con un problema que te ha convertido en mercancía dañada por el resto de tu vida. Sonríes cada vez que conoces a alguien nuevo, pero la nueva etiqueta te recuerda que la otra cara es resbaladiza y que eso no va para ningún lado. Tan bella es la rosa aun cuando tiene algún levedaño en sus pétalos. ¿Existe alguien que compre rosas aunque sean imperfectas? ¿Eres todavía una rosa que alguien pueda adorar a pesar de los daños? ¿O tendrá Dios piedad de ti y milagrosamente borrará la mancha de tu imagen para siempre? Ésa es mi esperanza para ti.

No todas las traiciones en relaciones tienen que ver con gente. Algunos de nosotros permanecemos en comprometidas relaciones durante veinte y treinta años con nuestros puestos de trabajo y empresas. Servimos a estas instituciones fielmente, sacrificando incluso nuestra salud y felicidad en aras de la lealtad y la posibilidad de algún día conseguir ese reloj de oro y un gran retiro. Un día vuelves de unas vacaciones muy merecidas y te dicen sin emoción alguna, que ya no eres necesaria, ni querida- empaca tus cosas.

Es como ser golpeado con una almohada luego de que te apagan la luz. ¿Sin duda se trata de una broma, verdad?, te dices a ti misma. No, no lo es. ¿Y ahora qué? Después de tantos años de vincular tu identidad con el rol que habías servido en esa empresa, ahora, ¿Cual está tu identidad? Es malo suficiente que nunca fuiste compensada de acuerdo a tu rendimiento y experiencia, pero ahora para añadir insulto a la herida, te dejan ir, así como si nada. La vida es dura y la gente puede ser muy cruel.

CUANDO LA IGLESIA TE TRAICIONA

La iglesia se supone sea un refugio de quienes nos tienen mala voluntad. Cuando éramos niños, algunos de nuestros padres nos decían que existían ciertas personas y lugares que eran seguros para acudir en caso de emergencia. Si existía una iglesia en tu vecindario ese era probablemente uno de esos lugares. A medida que íbamos creciendo, aprendemos cierto grado de respeto por la Iglesia y su liderazgo. ¿Recuerdas jugar al escondite con tus amigos de niño? Recordarás que siempre existía una base que era el lugar seguro. En la vida, se supone que la iglesia sea un lugar seguro.

A medida que he crecido en mi fe, he aprendido que existe una clara diferencia entre adorar al hombre de Dios y adorar al Dios del hombre. El primero te trae dolor y decepción, mientras que el último te sana y restaura.

No hay nada más importante en esta vida que comprender a quien le sirves. Juan 10: 27-30 afirma esto diciendo: "*Mis ovejas oyen mi voz; yo las conozco y ellas me siguen. Yo les doy vida eterna, y nunca perecerán, ni nadie podrá arrebatármelas de la mano. Mi Padre, que me las ha dado, es más grande que todos y de la mano del Padre nadie las puede arrebatar. El Padre y yo somos uno.*"

Lastimada Pero Invaluable

Menos cosas en la vida duelen más que cuando una traición proviene de tu sistema de apoyo. La Iglesia siempre ha sido el refugio seguro para todos los que necesiten, a pesar de su apariencia, lo que hayan hecho o quienes sean. Allí es donde traemos nuestro espíritu roto, nuestros matrimonios colgando en la cuerda del equilibrio, hijos desobedientes y cada situación preocupante o decisión que necesita ser sanada. Las manos que nos reciben a la puerta en esta frágil condición deben ser bondadosas y limpias. Nadie es perfecto, pero esperamos que los líderes de la iglesia se encuentren en una posición espiritual más fuerte que la nuestra.

Aquí es dónde deben detenerse los ideales para abordar la realidad. El hecho es que en la sociedad actual, lo que parece ser de una forma es totalmente lo contrario. Siempre esperamos un grado razonable de corrupción en la política y grandes empresas de nuestro país y la mayoría de otros países. Pero tendemos a ser más cuidadosos a la hora de aplicar estas etiquetas al trabajador de la iglesia en la casa de Dios. ¿Recuerdas lo que dije sobre el culto al dios del hombre y no al hombre de Dios? Eso espero, porque lo que estoy a punto de compartir puede hacerte correr hacia las colinas.

Como ya mencioné, he sido bendecido con una rica vida profesional en corporaciones estadounidenses. Durante la redacción de estas palabras, en mi currículum ecuménico llevo como decano ordenado más de dieciséis años y he estado activamente sirviendo en diversas funciones ministeriales durante más de veintitrés años. He sido asistente de pastor, evangelista, trabajador de altar, operador de líneas de oración e intercesión, presentador y productor de programas televisivos y radio cristiana, consejero ministerial y mentor de niños, jóvenes y adultos. He tenido el privilegio de consultar numerosas iglesias y organizaciones locales con base en centros de ciudades. Tengo el honor de servir como consultor de mercadeo en campañas comunitarias para importantes iglesias en los Estados Unidos. También he sido creador y escritor fantasma de lecciones bíblicas para estos mismos grandes ministerios.

Esto no es para promoverme a mí mismo, sino para establecer la plataforma desde la que genero el caudal de experiencias que comparto en este libro para tu beneficio general y el del Reino de Dios. Los hechos que estoy a punto de compartir no son para señalar actos de infracción de hombres y mujeres de la Iglesia. Esta información es para servir como señal de carretera sobre lo que podrías encontrar si eres demasiado ingenuo y tu espíritu no está bien acoplado a Dios. De la misma manera en que alguien te advertiría sobre hielo en la carretera, esta información debe servirte como advertencia.

La verdad es a veces chocante para quienes no le gusta cómo se asoma. La verdad no garantiza ninguna recompensa ni justifica respuesta. La Verdad, como Dios, es soberana y por lo tanto, no requiere ninguna explicación. Escucharás esto varias veces a lo largo de este libro.

OCULTOS A SIMPLE VISTA

Esa es la mejor manera de esconder la forma más siniestra de ataque contra un enemigo desprevenido. Nosotros, como seres humanos, fácilmente nos convertimos en criaturas de hábito que toman por sentado las cosas de tal forma que no nos damos cuenta de señales sutiles de problemas. Piensa en las noticias que diariamente escuchamos sobre actos horribles de asesinato y suicidio. La mayoría de los testigos dicen que nunca sospecharon cosa alguna. Las personas clínicamente deprimidas o que padecen de problemas de salud mental severos pueden convertirse en mejores actores que los de Hollywood. Estas personas, algunos de nosotros incluidos, tienen la necesidad de ser ayudados, pero también un deseo aún más desesperado de ser aceptados.

Saben que si la gente averigua su verdadero estado, serán etiquetados y despreciados por la sociedad y seres queridos que hasta ese momento les habían sido fiel. Tomando esto un paso más profundo, hacia el ámbito espiritual, las manifestaciones espirituales que llevan a la humanidad a hacer cosas malas prefieren permanecer ocultas.

Por eso, los niños pueden estar expuestos a algo odioso a la edad de cuatro años y no mostrar ninguna manifestación exterior de daño hasta mucho más tarde en la vida. Estas manifestaciones espirituales, al igual que ave de rapiña, pueden sentarse a la espera mucho más tiempo del que podemos prestar atención.

Para obtener más información sobre este tema, lee el capítulo 8, "Rompiendo Maldiciones Generacionales" en mi libro, *El Poder De La Perspectiva*. Del mismo modo, que estas manifestaciones pueden permanecer ocultas en nosotros y nuestro vecino, de la misma manera pueden permanecer ocultas en los trabajadores de la iglesia. Esto no es como vivir en el antiguo Testamento de la Biblia cuando si un hombre de Dios o sacerdote cometía un pecado debía inmediatamente hacer una ofrenda a Dios o ser inmediatamente sacudido muerto. Hoy vivimos bajo la dispensación de la gracia divina.

Esta dispensación agrega un período de gracia para hacer las cosas bien, y hacerlas bien con el amor del Señor. Jesús no vino a romper la ley del Levítico; Él llegó a cumplir con la ley. La mayoría de los cristianos sólo saben de los diez mandamientos que Moisés trajo de la montaña. Pero realmente fueron 613 las leyes enumeradas por el Torá, que son el núcleo de la Biblia hebrea. Dios fue y siempre será un Dios de amor, pero su amor no se refleja en la forma en que los levitas administraron Sus leyes. Jesús vino a cumplir con el amor de Dios por su pueblo, dándoles gracia a través de la aceptación de Su hijo para estar bien con Él.

En virtud de esta gracia todos- incluyendo el clero- nos beneficiamos de "un pase gratis fuera de la cárcel". Por lo que cuando usted oye que el obispo fue capturado en evasión de impuestos, simplemente significa que al él lo agarraron y a nosotros no. Muchos no saben que usted puede encontrar todo tipo de formas creativas para evitar pagar impuestos, sobre todo si tienes un buen contable. Pero evadir pagar tus impuestos te llevara a la cárcel. Existe una diferencia.

Si no es demasiado tarde y no te he ofendido, por favor comprende que el propósito de Dios para mi vida no es insultarte a ti o a los hombres y mujeres de Dios. Pero comprende que hay quien leerá estas palabras y encontrará sanación en saber que los daños hechos contra ellos por el pueblo que describo no fueron sólo hacia ellos, sino hacia una multitud.

También necesito hacer referencia al hecho que la mayoría de los hombres y mujeres en el Ministerio del Señor y las empresas de construcción del Reino son gente llenas de integridad. Rectos y respetables guerreros ante el hombre y Dios. Simplemente estoy ilustrando la mentalidad y metodología de quienes les dan mala fama.

Así que, aquí está parte del cuento con la Iglesia. Algunos de los pastores de lleno en el Ministerio son hombres y mujeres que jamás podrían funcionar en unacorporación estadounidense. Muchos no podrían levantarse a tiempo y responsablemente trabajar cuarenta horas a la instancia de otra persona mientras reciben dirección y crítica. El hecho es que muchos de los pastores de hoy no podrían desempeñarse en tu vida diaria, sin embargo predican que necesitamos mantenernos de la mano inmutable de Dios. Muchos de ellos no pueden mantenerse razón por la cual renuncian o son despedidos varias veces.

Muchos de nuestros hombres y mujeres de Dios en posición de liderazgo son amonestados por comportamiento inapropiado, uso inadecuado de computadoras y abuso de privilegios. La mayoría no podría seguir al líder aún con la cuerda atada alrededor de sus muñecas. Pero estos mismos predicadores nos advierten seguirlos con abandono casi temerario. Muchos pastores tienen que ser el centro de la atención y dar órdenes, porque si fueran miembros de la iglesia, querrían cantar todos los solos en el coro, sentarse donde les dé la gana y hacer lo que quieran. Sin embargo, estos mismos pastores nos reprenden para no ser de esta manera.

Algunos de estos pastores son verdaderos pavos reales. Tienen que lucir lo mejor posible, ser los más escuchados, y recibir el más alto nivel de reconocimiento; pero nos dicen que seamos humildes y permitamos que nuestros dones nos hagan brillar por sí mismos. Dejemos que la iglesia les repita, ¡¡Amen!!

Existen pastores y ministros que acechan a los inocentes y vulnerables porque carecen de la integridad y fortaleza testicular para atraer a alguien que no está en un estado debilitado.   Hay una frase para ello: depredador sexual. Los ponen bajo su ala y abusan de su autoridad causando todo tipo de daños al espíritu y la carne. Hay hombres y mujeres ministros que han fallecido o convertido en intocables y nunca pedido disculpas a las personas que perjudicaron. Dejan estas vidas heridas y maltratadas al lado de la carretera, sin ningún cierre o simpatía.

Los titulares de noticias que has escuchado a través de los años son la mera punta del tempano de hielo en relación a lo que realmente está pasando. Le prometo que los hombres y mujeres de Dios, políticos y estructuras de poder a las que están ligados se vendrán abajo sobre ellos y todo lo que tocan. Gálatas 6: 7dice que, "*No se engañen: de Dios nadie se burla. Cada uno cosecha lo que siembra.*" Tan triste como se lee, estas personas no saben que están escribiendo el destino de sus hijos con sus palabras y acciones. Puede ser que la maldición no caiga sobre ellos, pero sí sobre sus hijos y los hijos de sus hijos. Esta amortización vendrá cuando también estén vulnerables y necesitados de bondad. Lo he visto con mis propios ojos.

Imagínate venir a uno de estos Ministros para asesoría y abrir tu corazón sangrante ante ellos, sólo para escuchar tu situación idéntica convertida en tema de su próximo sermón desde el púlpito o a través de las ondas de televisión y la radio. Imagínate la sensación de vulnerabilidad y traición. He oído de pastores poner en peligro la vida de personas con tales indiscreciones.

A pesar de que yo nunca pude comprobarlo, sé que algunos ministros están al eje de algunos de los grandes crímenes que tienen lugar en nuestras áreas urbanas. Algunos pastores han prestado y pedido dinero con el mismo cuidado que esperarías de un adicto a crack o embaucador. Otros pastores han entrado en negocios con el único propósito de defraudar a todos menos ellos mismos, a la misma vez que te permiten confiarles tus secretos más profundos.

He aquí un ejemplo clásico de los instintos predatorios de algunos miembros del clero. La persona o pareja que visita la iglesia por primera vez y parece ser muy exitosa. Puede que sea un artista, empresario, atleta o médico. El pastor se abalanza sobre ellos, llevándolos a almorzar y les da la bienvenida con mucha gallardía. Esto normalmente comienza con darles el mejor asiento, privilegios de estacionamiento, mejor trato y acceso sin restricciones a su oficina. En esencia, este nuevo miembro se desliza sin esfuerzo por la vía rápida a una membresía privilegiada en la iglesia, recibiendo el tipo de favores que a ti jamás te mostraron. O tal vez, si alguna vez fueron igual de amables, todo terminó en el momento que el pastor se dio cuenta de que no estabas nadando en dinero.

No te preocupes. Tan pronto como el pastor se dé cuenta que el nuevo sabor de la semana tampoco es rico, ellos misteriosamente también dejarán de venir a la Iglesia. La diferencia entre tú y ellos es que tú lo sobrellevaste. Espero que hasta ese punto las víboras con lenguas que gotean sangre e inclinación a juegos de niños no te hayan afectado. Estoy hablando de nuestra familia de la iglesia y demás miembros. Pero para cubrir completamente la mentalidad general de la gente de la iglesia necesitaría otro libro.

¿ALGUIEN PUEDE OÍRME?

Ha habido numerosas historias acerca de la Iglesia Católica y los alegatos de homosexualidad en contra de su clero. De lo que no oímos mucho es sobre los varios escándalos de la Iglesia Evangélica como adulterio, fornicación, hijos fuera del matrimonio y abusos sexuales de todo tipo no importa la edad, sexo y afiliación.

La verdad no debe ofender; si es verdad, simplemente golpea su marca prevista.

El mismo problema existe pero en menor proporción en las mezquitas musulmanas. Sin embargo, nunca escucharemos realmente que tan seguido ocurre debido a la vergüenza que estos alegatos conllevan a las víctimas y toda la comunidad. Por lo tanto, estas víctimas se ven obligadas a sufrir en silencio. Estoy aquí para decirte que si esto se trata de ti, realmente si hay un Dios. Él quiere curarte del daño que te han hecho y porque Él vive, tendrás la fuerza para perdonar. Él buscará tu venganza en Su honor.

Ya no se supone que sigas remolcando tu autoestima alrededor de tu vientre mientras te arrastras por la suciedad, mirando las plantas de los pies de la gente toda tu vida, esperando la amabilidad ocasional de los demás. El Dios de Abraham envió a Su único hijo y tal como levantó a Lázaro de la tumba, quiere que salgas de tu lecho de muerte. Él quiere deshacerse de tus ropas de muerte y que no vaciles, pero marches con audacia ante el Maestro a buscar tu curación. Dios te ama lo suficientecomo para tenerte leyendo estas palabras ahora mismo en lugar de hace seis meses. Dios quiere que seas como el paralitico en la piscina de Bethesda.

Esa historia tuvo lugar en el barrio musulmán de Jerusalén. El nombre Bethesda significa "Casa de la misericordia". Al lado de este alberque vivían aquellos que estaban ciegos, sordos y lisiados. Allí existía un hombre que había estado paralizado durante 38 años y tenía que arrastrarse o ser recogido para moverse. Nunca había podido llegar al alberque para obtener sanación porque cada vez que tenía la oportunidad, llegaba otro primero que él y se lo perdía.

Jesús, el gran médico, vino y le dijo que se levantara y caminara. Inmediatamente lo hizo y fue curado. Jesús sabe que has perdido oportunidades de levantarte de tu situación. Por lo que Él mismo ha llegado a través de estas palabras para decirte que es hora de levantarte y dejar tu dolencia.

No cargues con tu asunto otro día. La próxima oportunidad puede no venir por otro año. Tienes que estar desesperadamente necesitado de cambio para finalmente abandonar el hedor de dolor, resentimiento y muerte. Sé que estás diciendo que no ves la luz al final del túnel, pero no esta tan lejos como piensas. Esto no es sólo para ti. Dios quiere convertir tus cicatrices en joyas porque en estos momentos alguien está pasando por exactamente lo mismo que tú y no recibirán el testimonio de tu prueba de nadie más.

Ellos no quieren escuchar mi historia porque yo no experimentélas circunstancias exactas que tú has sufrido. Esa persona sólo se abrirá como te estés abriendo tú a medida que sientan la sensación del espíritu liberador de Dios en su vida. Tendrán que ver las lágrimas y sonrisa de victoria que sólo tú puedes darle. ¿Por qué? Porque son iguales que tú. Levántate y pon todo en el pasado por el Dios de salvación que ha estado ahí por ti hasta el día de hoy, a pesar de los tiempos en que abogaste que te quitara la vida. El Amor y Misericordia que Jesús tiene por ti siempre supieron que vendrían días mejores.

ENCONTRANDO EL PROPÓSITO DE TU TRAICIÓN

Algunas pruebas vienen como resultado de Dios simplemente deseando hacer alarde de nosotros, porque sabe que le traeremos gloria a la vez que sobrepasamos estas pruebas. Hubo una vez una niña judía que como tantas en su región del mundo, siguiendo tradición, se sentaba a los pies de su abuelo para aprender de su Dios de salvación. Las cosas fueron normales en su vida mientras crecía naturalmente en su pasión por el conocimiento de ese Dios. En ese momento de la historia una niña era considerada mujer a la edad de trece años y ella pronto tendría que casarse con un hombre, tener hijos y cuidar de su casa.

Alrededor de la edad de 13 años, el mensajero de Dios, el ángel Gabriel, visitó a Nazaret para ver a María, una Virgen que estaba comprometida en matrimonio. El ángel Gabriel le saludó y dijo que no tuviese miedo. Le dijo que ella pronto quedaría embarazada y daría a luz un hijo al que debía llamar Jesús. Todos sabemos la historia a partir de ese momento. Pero como en todas las circunstancias en la vida que cambian nuestro destino para siempre, existe detrás una historia que a menudo no paramos a reflexionar.

A primera vista, esta promesa era un caos completo. Ella estaba comprometida y ahora tenía que casarse de prisa antes de que la gente empezara a hacer la matemática. El mismo Ángel tuvo que visitar a José, su novio, para que él no la repudiara lejos. María naturalmente se preguntó sí misma, "¿Por qué yo y por qué así?" Pero a medida que sentía la paz predestinada de Dios, dijo, "Que en mi se cumpla tu promesa" y luego, cantó una canción.

Ahora que te encuentras en el medio de tu tormenta de estancamiento, entiende que Dios te está brindando silencio para captar tu atención. Utiliza este tiempo para absorber el favor de Dios diciendo, "Habla, que tu siervo te escucha." 1 Samuel 3: 7-11

Piensa de este modo: si Dios permite que continúes el camino en que ibas, ¿No te habrías convertido en uno esos amantes de sí mismos? Ánimo María, existe un propósito en tu prueba. Lucas 10: 27-30, dice, *"Mis ovejas escuchan mi voz; Conocen, y me siguen. Les doy la vida eterna, y nunca perecerá; nadie les puede arrebatar de mi mano. Mi padre, que les ha dado a mí, es mayor que todos;*

nadie les puede arrebatar de la mano de mi padre. Yo y el padre son uno."

Un día alguien también verá la luz al final del túnel, pero sentirán el mismo espíritu de temor que tú sientes ahora mismo. La luz no estará lejos, pero entre donde están parados y donde tú estás estará oscuro, lleno de vidrio y basura peligrosa, y ellos estarán descalzos y arrastrándose en el suelo. Te verán a ti y a Jesús de pie detrás de ti, llamándoles. Tu voz prestando testimonio les llevará al gran Consolador. Escucha cuidadosamente como la paz de Dios interrumpe ese caos que drena tu cuerpo diariamente y te sacude despierta cada mañana.

Esta paz promete el abrazo íntimo que te ha eludido por mucho tiempo. El abrazo que buscaste en los ojos del hombre que te traicionó. El abrazo que tanto buscaste y que no pudo mantener su parte del acuerdo. El abrazo que te instó a seguir a un estilo de vida y una gente que no podían responder a tus expectativas. Porque Dios programa tu ADN para aceptar únicamente Su original y no los imitadores baratos del hombre. Este abrazo que viene de adentro te dará un buen descanso y una alegría que el hombre nunca podrá desafiar, ni tocar de nuevo.

La esperanza y anticipación que procuras están afilándose hacia ti en este momento como misil en busca de calor y el enemigo no puede hacer nada al respecto. En el momento en que hayas leído este libro y nos hayamos llegado a conocer mejor, designaré tu curación completa y la restauración total a tu configuración original de fábrica, conjuntamente cobrando todos los daños y perjuicios que se te deben por todos los años que el desalmado enemigo ha dañado en tu vida. En el nombre de Jesús, ¡¡Amen!!

CAPÍTULO DOS
EL PROCESO INJURIOSO

A menos de que el valor de algo sea determinado, su abuso es inevitable.

El humanismo secular dicta que nosotros como seres humanos somos la entidad más elevada. Esta filosofía suscita el razonamiento, pensamiento individual e intelecto como la forma ideal de alcanzar una vida plena. Muchos ateos y humanistas seculares repiten esta frase en un momento u otro, "¿Cómo puede un Dios amoroso permitir que tantas cosas horribles ocurran a gente inocente?" Cuando alguien pasa por una tragedia y su sistema de valores no está afianzado en la fe divina, se le hace muy fácil adoptar este tipo de metodología secular.

El enemigo de la humanidad se deleita aislándonos en nuestro momento de dolor. Nos lleva a pensar que estamos solos en la vida y que el Dios al cual servimos es defectuoso. Él sólo está parcialmente correcto. Nuestra vida en esta tierra es defectuosa por el pecado que su constante presencia nos acarrea; pero el único defensor que realmente tenemos es el espíritu del Dios Viviente llamado Espíritu Santo. Podríamos suponer que nuestra familia y amigos jamás nos abandonarán, pero el enemigo es capaz de usarlos para no estar disponibles cuando más les necesitamos. La realidad es que nadie puede estar accesible en todo lugar y todo momento. ¿Qué pasaría si cada miedo y ansiedad que has tenido en esta vida te agarrara en tu cama a las 2:30 de la madrugada, tratando de esfumar tu vida y el horror no te permitiese respirar?

Independientemente de con quien estés durmiendo o a quien podrías llamar, la única conexión automática en tu alma es la que existe con Jesús y el Espíritu Santo. He oído a muchos en la industria médica hablar de ateos profesos que gritan el nombre de Jesús en sus lechos de muerte durante sus últimas horas. Su intelecto les ha dejado perplejos, pero su espíritu aún sabe donde yace la verdad. Toma un momento y entiende esto claramente. Aun en medio de todo el caos e infierno que podría o no llegar a tu vida, Dios siempre estará en control. Nada Le sorprende y nadie Le engaña.

El tiempo le pertenece a Él, la luz y oscuridad también Le pertenece. Todo lo viviente e incluso la ciencia le pertenecen a Él. Sólo Dios puede totalmente revertir la progresión de una enfermedad y devolver el control sanativo al cuerpo. Existen 100 billones de galaxias en el universo y 100 millones de estrellas en cada galaxia. Hay estrellas en el universo que pueden albergar 5000 millones de soles como el nuestro. ¿Cuánto realmente significa 100 millones? Si fuésemos capaces de contar hasta 250 por minuto, todo el día y noche, nos tomaría 1,000 años contar hasta 100 billones.

Quizás tengamos una mejor comprensión de la enormidad de Dios cuando Jesús dijo, *"Se me ha dado toda autoridad en el cielo y en la tierra."*(Mateo 28:18) En Isaías 40:12 el profeta dice, *¿Quién ha medido las aguas con la palma de su mano, y abarcado entre sus dedos la extensión de los cielos? ¿Quién metió en una medida el polvo de la tierra? ¿Quién pesó en una balanza las montañas y los cerros?"*

Si Dios puede crear el compás de un universo, sin duda puede operar los asuntos que conforman el estado de la situación entre tus oídos. Jesús nos dejó un consolador divino que es la persona con la quien más tiempo pasamos, pero sin embargo menos conocemos. Tomar el tiempo para comprender el valor que el Espíritu Santo tiene para Dios y Su propósito para nosotros es la única clave para obtener el más mínimo sentido de restauración y bienestar en nuestras vidas. Si no nos conectarnos con nuestro propósito a través de Él, fallamos en comprender el valor de todo en esta vida. Y es ahí donde el proceso injurioso ocurre, si no aplicamos grandes cantidades de la mentalidad de Dios a nuestras heridas.

Somos seres espirituales temporalmente envueltos en la carne. Nuestro espíritu ansía ser liberado de esa carne y volver a la presencia de Dios. Es como si fueses recién bañado y limpio, pero llevando la ropa de alguien que ha estado caminando por la calle sin ducharse durante meses. Estarías totalmente asqueado de tener que someterte a tal cosa. Esto es lo que tu espíritu siente cada vez que fallas en encontrar el valor de la sabiduría de Dios en cada experiencia y persona que encuentras.

Este comportamiento es parte de la naturaleza pecaminosa que apalea nuestro espíritu. Cuando Jesús caminó la tierra fue humanidad y divinidad a la misma vez. Pero incluso como Dios en la carne se tornó a veces débil y tuvo que aislarse para que Su divinidad pudiese fortificar su humanidad de acuerdo al propósito divino. De lo contrario, hubiese sido bastante fácil para Jesús elegir la desobediencia sobre la obediencia a su Padre Celestial. Después de vivir en carne durante 33 años, Jesús sabía lo difícil que era vivir y ser el Cristo. Por eso nos dio el Espíritu Santo para servir como Guía, Profesor y Consejero. El propósito del Espíritu Santo es guiarnos hacia el camino correcto y corregirnos cuando fracasamos para que podamos volver a atrás y hacerlo correcto de nuevo.

Sin la presencia del Espíritu Santo en la tierra, la vida sería un completo caos. Su presencia es lo que impide que el enemigo tome control por completo de nuestras vidas en esta tierra. El mayor secreto para lograr éxito cada día es simplemente eligiendo saludar el Espíritu Santo cada mañana antes de hacer cualquier otra cosa. Cubriré esto más en profundidad en el capítulo siguiente, "Tomando Dominio".

El espíritu y el cuerpo deben trabajar en equilibrio con el fin de que podamos encontrar las pistas de cómo complacer el espíritu de Dios entendiendo cómo funciona el cuerpo. Desde el momento en que nuestro cuerpo se hiere, las células vitales necesarias para su defensa y curación saltan en marcha. El cuerpo esta pre-programado para protegerse de cualquier infección que pueda poner en peligro su capacidad para seguir funcionando o sobrevivir daños a largo plazo. A través de una serie de pasos llamados la respuesta inmune, el cuerpo convoca a una- o todas- de las tres capas de su sistema de defensa. Nuestra piel es el sistema primario de defensa, así como nuestras membranas mucosas y células blancas en la sangre.

Si este sistema se compromete, el cuerpo entra en un estado que intercepta varias funciones con el fin de preservar órganos vitales con funciones tales como las del cerebro y respiración.

Cuando sostenemos una herida emocional con ataque espiritual son mucho más grandes las variables a considerar que simples respuestas químicas y motoras. Nuestra espiritualidad y psicología son mucho más complejas que la física y química. Así que por lo tanto, tenemos que tener mucho cuidado en nuestra respuesta emocional primaria y secundaria a una herida.

Cuando nos encontraremos con dolor y decepción, los psicólogos dicen que reaccionamos de acuerdo a nuestras personalidades e instintos de "pelea o escape". Algunos se paran en pie de lucha por sí mismos, mientras que otros se marchan, piensan las cosas y regresan a discutir cuidadosamente o a una pelea secundaria. Hay quienes no reaccionan de ninguna manera e internalizar su dolor. Independientemente del estilo de expresión que utilices, la cuestión importante es el efecto a largo plazo sobre tu bienestar general.

Todavía tengo par de cicatrices en mi cuerpo de las heridas emocionales que he sufrido durante los años. Algunas provienen de quemaduras y rasguños que ya ni recuerdo cómo ocurrieron. Otras son obvias y traen de vuelta dolorosos recuerdos. Sin embargo, a pesar de que los recuerdos de dolor y cicatrices existen todavía, no me impiden funcionar en ninguna área de mi vida. Cuando miramos el proceso injurioso, notamos que existen pasos graduales pero progresivos que el cuerpo toma por cuenta propia hacia la curación, a menos que este predispuesto por alguna circunstancia o evento que obstaculice ese proceso.

La mente y el espíritu no son tan simples. Están interconectadas en algunos aspectos y diametralmente opuestas en otros. Por ejemplo, una mujer maltratada puede haber decidido que no la golpearán *una vez más*. Su mente está clara y su espíritu dice, *no permitiremos que esto nos rompa hasta que lleguemos a un lugar seguro donde podamos derrumbarnos*. Pero luego, cuando nuestro espíritu se da cuenta de que es el momento de liberar el dolor y resentimiento y seguir hacia delante, nuestra mente puede que diga "No", porque no puede dejar a un lado el dolor.

ENCUENTRA UNA ESQUINA

¿Has visto alguna vez a un gato o animal obtener una herida? Corren a un rincón donde puedan lamerse las heridas para recuperarse y luchar nuevamente otro día, o utilizan ese tranquilo lugar para morir con dignidad. Igual que un niño que obtiene una pequeña herida que arde terriblemente, no te permiten verla por miedo a que la harás doler aún más. Prefiere quedarse allí y llorar antes que permitir una molestia adicional, a pesar que sabe que quieres ayudarlo.

Cuando sufrimos un incidente que nos hiere físicamente, mentalmente, o ambas, nuestra reacción inmediata no es siempre la mejor. El accidentalmente tragarse un líquido corrosivo no debe remediarse tratando de vomitarlo. Eso puede causar más daño porque desgarra el tejido externo del esófago en su camino. A veces es mejor tragar algo que neutralice el ácido. Como a veces si la otra persona no tiene la culpa, te tragas tu orgullo y dejas ir todo en lugar de sacarlo de nuevo y correr el riesgo de causarte más daño a ti mismo.

Si alguien te hace algo, puede que tengas que gritar para llamar atención al perpetrador en lugar de morir silenciosamente en una esquina. Un violador o pedófilo necesita ser expuesto ante la justicia donde pueda ser castigado y/o tratado por su enfermedad. Irte callado a una esquina para protegerte, también los protege a ellos para poder hacerle daño a otra persona. El proceso injurioso también se hace evidente cuando niegas que estés sufriendo y no pasas tiempo reflexionando o en la confianza de un terapeuta capacitado para sentirte mejor.

Aquí es cuando el proceso injurioso puede progresar a una infección. Cuando sufres una herida o golpe, se recomienda que lo limpies con una solución anti-bacterias o pomada que sirva como agente tópico o escudo contra los microbios. Si inicialmente no tomas los pasos adecuados, se produce una infección. Si no tratas las heridas que ha sufrido tu mente, desarrollarás un proceso de pensamiento malsano hacia ese aspecto de tu vida.

Si tu lesión procede de un abuso de confianza, entonces nunca confiarás en nadie más. Esto puede dañarte de tal forma que te cuesta la capacidad de compartir y recibir de otros. Desarrollarás sistemas de defensa falsos que no son necesarios para hacerle frente a la vida. Sólo porque una persona abusa el privilegio de tu confianza, no significa que todos los demás harán lo mismo. Esto puede haber sido una prueba para ayudarte a llegar a un nivel de madurez que te ayudaría a apreciar a la siguiente persona, alguien que puede llegar a ser el amor de tu vida. Dios permitió este daño para prepararte porque el amor de tu vida tampoco será perfecto.

Ahora cuando Dios te envía a alguien totalmente inocente de tu doloroso pasado y esa persona quiere entrar en tu corazón, verán las barras en tus ventanas y sentirán toda la tensión en tu corazón. Ahora será menos probable que se relajen y deseen permanecer en tus términos. Cuando las heridas de la vida te hacen crear demasiadas condiciones, serás considerada un bien dañado. Cuando los bienes dañados empiezan a causar perjuicio al resto de la población es momento de sacar el producto fuera del mercado de la misma forma que el departamento de agricultura retira productos si existe riesgo de intoxicación alimentaria.

Algunas heridas comienzan a verse peor antes de mejorarse. Esto no significa que el cuerpo no esté avanzando en el interior. A veces esa fea cicatriz es sólo un sello de protección que el cuerpo crea para poder seguir trabajando. Este proceso es sólo temporero y pronto se desvanece para revelar un nuevo tejido y completar la curación. Aún puede existir una cicatriz, pero de acuerdo a lo bien que se trate la herida inicialmente, determina que cicatrices otros notarán luego.

Cualquiera que sea tu circunstancia actual compartiré algunas ideas que te ayudarán a poner un ungüento en tu mente y alma. De esta forma, la cicatrización no entorpecerá tu capacidad de seguir hacia adelante y vivir libre de dolor.

EVALUACIÓN DE LOS DAÑOS

Después que ocurre un desastre, un equipo de investigación se mueve a evaluar si hubo mano negra detrás del incidente. Después de que el equipo de investigación se va, ajustadores de seguros evalúan los daños monetarios y estiman el costo de renovar o reconstruir. Si aún estás vivo, hay esperanza. Creo firmemente en buscar asesoramiento terapéutico de un cristiano cualificado o consejero con bases espirituales, porque estas personas ofrecen otra dimensión que hay que tener en cuenta a largo plazo. Es decir, cómo anhelas que tu espíritu se sienta como resultado.

¿Deseas ser la *víctima* o el *vencedor*? Por favor comprende que no estoy haciendo esta declaración para tomarse ligeramente. Hay personas — tú y yo los conocemos — a las que se les hace difícil pasar el día a menos que tengan algo de que quejarse. Independientemente de cómo de maravillosas y dulces las cosas parezcan para el resto del mundo, ellos le encuentran un reto a todo. Estas personas prefieren ser la víctima.

Del punto en que haces un esfuerzo consciente para ser el vencedor, deseas ver tus circunstancias de forma diferente. Tiene que ocurrir un cambio inmediato. Como si una luz se iluminaraen tu existencia. Esta luz abre un portal en tu vida que nunca sabías existía. No sólo ilumina todas las áreas oscuras e ignorantes de tu vida, también trae consigo un soplo de aire fresco para llenar de vida todas las áreas obsoletas y estancadas de tu forma de pensar.

La elección de pasar de víctima a vencedor no es un método de pasos múltiples. Es tan simple como vivir tu existencia mirando las plantas de los pies de la demás gente mientras arrastras tu cuerpo a través de las calles. Eso es hasta que un día alguien deliberadamente se enfoca en ti y se arrodilla a tu nivel sin la intención de insultarte. Esta persona te lleva de la mano y dice: "¿Por qué estás aquí? Levántate y camina, porque es tu privilegio". Haces una pausa un momento para digerir estas palabras sagradas y, a continuación, te pones de pie. Tu postura puede que tarde un momento en corregirse, pero ya no continúas arrastrando tu mente y existencia por la vida.

Como vencedor ahora puedes cambiar tu pensamiento de al estilo Charlie Brown, "¿Por qué es que todo el mundo siempre me está fastidiando?" a "No, lo intentaré de nuevo". Mi último día de trabajo en corporaciones estadounidenses representó mi último día arrastrándome por el vientre. Después de ver un terapeuta, me di cuenta de que la depresión que me acechaba era debido a estar tratando de ajustar mi tamaño 14 de pie al tamaño 10 de liderazgo que tenía en esa corporación. Es posible que la función que intentas encajar en el mundo es la que el hombre te ha designado en lugar de la función que Dios te diseño para cumplir. Deja de permitir que otra gente alquile espacio en tu mente. Tú como individuo sí le importas a Dios. ¿Si no, por qué perseguiría a la humanidad para restaurarla enviándonos un Salvador para morir pagando la pena por el desorden en que nos hemos metido?

TU LUGAR SECRETO

A veces después de un terrible accidente o crimen, los detectives o ajustadores de seguros necesitan aislar la escena, mejor conocido como "sellarla". En los casos en que existen escombros, deben mover los restos a un lugar sellado para examinarlos y repasar el incidente. De ese modo pueden encontrar si hubo culpa y aplicar la condena para que pueda haber cierre.

Cuando sufres una herida grave en tu vida, necesitas hacer lo mismo. Si -Dios no lo quiera - una avioneta privada se estrella en tu patio trasero y prende en llamas, no te sentarás a mirar por la ventana y verla quemarse. Inicialmente el accidente y la explosión pueden aturdirte, pero eventualmente te pondrás en modo de pelea o escape llamando al 911 y ver si puedes ayudar de manera segura a cualquier persona aún abordo. Sería totalmente antinatural ver el incendio y la explosión volverse un humeante desastre hasta que años más tarde, se convierta en una pila de metal oxidado. Pero eso es lo que muchos de nosotros hacemos cuando nos encontramos con heridas personales.

Aunque la gente nos pasa cada día viendo el aspecto de los escombros en nuestras vidas, pretendemos que no hay nada de qué hablar. Nos cerramos debido a nuestro orgullo y falta de confianza. Aunque el orgullo y la confianza son paredes de defensa, también pueden privarnos de la vida. Cuando ponemos este muro, mantenemos los equipos de búsqueda y rescate lejos de llegar a nuestra ayuda (algo de lo que hablaré más adelante.)

Volviendo a la necesidad de un lugar secreto. Ahí es donde puedes estar seguro de llorar, maldecir y gritar a todo pulmón, así como escupir y tirar cosas — las mismas cosas que hiciste de niño, excepto ahora con más rabia e intención. Hacerlo inicialmente es aceptable, pero seguir haciéndolo tres años más tarde no lo es. Después de que expresas tu dolor, es tiempo de determinar si es más grande que tu capacidad de razonarlo o de tu fe en permitir que Dios te sane. A continuación presentamos algunos de los factores a tener en cuenta para encontrar ese lugar secreto.

1. Encuentra algún lugar privado lejos de orejas y ojos indiscretos, incluso si es en tu coche en el estacionamiento de algún centro comercial remoto.

2. Elimina distracciones y estímulos innecesarios como la televisión y música con letras superficiales o irrelevantes.

3. Permítete un tiempo consistente de antemano, incluso si no crees que lo necesitarás. Tener la necesidad de tomar tiempo para sí mismo no es un signo de debilidad, sino de autoprotección. No puedes estar allí para nadie más si no lo estás para ti mismo. Después de un mal caso de la gripe, tu cuerpo necesita volver poco a poco a la rutina. No deseas paralizar tu capacidad de pensar hacia adelante, pero tampoco quieres caer en negación. Utiliza tu sentido común y mentalidad de vencedor.

4. Se privado sobre tu curación de la misma manera en que lo eres acerca de tu higiene personal. No llames atención sobre tu tiempo a solas para que permanezca protegido y sagrado.

5. Asegúrate de que este lugar secreto es limpio y seguro para no te distraigas por las circunstancias.

Ahora que tienes ese lugar, visítalo regularmente. A continuación presentamos algunas herramientas sugeridas para llevar contigo cuando vayas allí.

1. Ora a Dios para aclarar tu mente de distracciones y personas que no son útiles para tu capacidad de escucharle a Él. Ten en cuenta que ese individuo puedes ser tú mismo. Ninguna de las cosas que te impresionan sobre ti mismo, le impresionan a Dios. De hecho, evitan que estés más cerca de Él. Tu estatus social no tiene ningún significado para el Creador de todo lo que podemos pensar o comprender.

2. Ten una mente abierta, humildad y un espíritu obediente para recibir la nueva sabiduría de Dios. No pierdas tiempo pidiéndole a Dios que te dé las respuestas que quieres escuchar. A veces escucharás que tú eres la única causa de toda tu miseria. Eso conllevará tiempo y madurez para digerir.

3. Llévate valor. Lo necesitarás para hacer los cambios necesarios con respecto a la curación que debe tener lugar en su vida. Esto puede requerir tener que perdonar a alguien que nunca te dirá, "Lo siento".

4. Tu Biblia. Toma una copia de escrituras específicas que estén relacionadas con tu dolor para que puedas recitar estas escrituras en voz alta e internalizarlas. Puedes encontrar algunas de estas escrituras en www.thepowerofperspective.net o en el índice de la Biblia. Si no tienes esa sección en tu Biblia, consigue una que lo tenga. Cuando llegue el momento en que la curación y el perdón se conviertan en el objetivo, toma estas escrituras contigo e internalízalas.

5. Una libretita de notas. Querrás tomar nota de cualquier pensamiento y sabiduría que llegue a ti en este lugar secreto. Puede que Dios te de un plan de acción o las palabras necesarias en lo que respecta a tus circunstancias con las personas envueltas.

6. Fotos de tus seres queridos o cualquier cosa que te dé paz. Llegará un momento en tu proceso de curación que mantener en foco las cosas más importantes para ti será de suma importancia. Ver los rostros sonrientes de tus hijos, cónyuges y otros miembros valiosos de tu familia y amigos te mantendrá conectado a tierra a medidas que trazas tu rumbo a la restauración.

7. Si te ayuda a relajar, escucha música de meditación. Para algunos, la música es un alivio de tensión instantánea.

8. Elimina el exceso de maquillaje, joyas, ropa formal o constrictiva. Te sorprenderá como eliminar tus tacones, chaquetas, corbatas y exceso de maquillaje te ayudará a ser más real. Siempre puedes volver a maquillarte más tarde. Sin embargo, con el maquillaje puesto estarás más preocupada de arruinar tu maquillaje que de alcanzar un adelanto espiritual.

Cuando un paciente de trauma es llevado de emergencia a una cirugía, lo primero que hace el personal médico es cortar a través de sus prendas de vestir para que no haya ninguna obstrucción en el procedimiento que hay que hacer. Cuanto más decidida estés acerca de lo que necesitas tener en este lugar secreto más centrada estarás en tu curación y terminar el trabajo.

TU CONDICIÓN NO SERÁ TU DESENLACE

En tu lugar secreto es donde puedes decir cosas como, "¿Qué fue lo que les dio el atrevimiento de sentir que podían decirme o hacerme algo así?" Tu lugar secreto es donde puedes reproducir los incidentes de las desgracias de tu vida. Aviso que he dicho las desgracias de tu vida, no tu vida, la desgracia. Escuché a un predicador una vez utilizar la frase, "tu condición no será tu desenlace". No permitas que tus circunstancias te definan. Si un divorcio derribó tus muros de seguridad, no te refieras a ti mismo como una persona divorciada o un fracaso.

Encontrarse con desgracias como un divorcio simplemente significa que ahora tienes la experiencia para traer más a la mesa. Hay una dimensión de amor, sacrificio y sabiduría que alguien que nunca se ha casado no podría expresar. Tu divorcio o bien te dará la tenacidad de sobrellevar mejor las cosas o el juicio para no caer de nuevo en la misma situación. Personas que tienen una vida perfecta, sin arrugas ni vueltas simplemente no tienen mucho que decir a alguien que ha pasado por el infierno. Una vida sin fallas y cicatrices de batalla no es el tipo de vida que atrae el interés de otros. De hecho, ese tipo de vida ni siquiera suena real. Una vida que ha tenido fallas ahora posee la experiencia para aconsejar y alentar a alguien desde la sede de la experiencia, no la teoría. Sin ninguna prueba, no tienes testimonio.

Personas que han experimentado un fracaso y crecido gracias a él, tienden a tener más compasión por aquellos que ahora están pasando por lo mismo. El consejo que recibo de alguien que ha experimentado el fracaso y dolor me da esa ventaja de poder saber que más podría pasarme. Tu vida no es sola tuya. No te crearon para ser una bellota que cae del árbol y rueda sin rumbo fijo por la calle para ser pisada y aplastada. A medidas que sigas leyendo, comprenderás que hay un propósito en todo lo que Dios te permite soportar.

Un predicador muy sabio también me compartió la frase, "Debes aceptar lo que Dios permite". Dios le enseño eso en medio de su sufrimiento por la muerte de un ser querido. Personalmente no podremos entender su dolor, pero su experiencia le dio una sabiduría que él puede llevar consigo y compartir en cada lugar que se encuentre. Ahora el dolor que una vez sufrió es más distante que la satisfacción que obtiene en poder ayudar a sosegar otras vidas como resultado de su dolorosa experiencia.

El Señor sabe el resultado de cada situación inclusive antes de que se plantee. Como todo buen padre, sólo quiere lo mejor para nosotros. De niños puede que hayamos odiado hacer nuestros deberes y pruebas, pero, ¿De qué otra forma nuestros cerebros obtendrían el ejercicio necesario para desarrollarse plenamente? Los cambios vienen para protegernos del estancamiento. Si un feto permanece en su zona segura -el útero-demasiado tiempo, el cuerpo de la madre comienza a atacar el feto.

Para el resto del mundo es antinatural que un bebé permanezca en el útero a los cinco años de edad. Sin embargo, el feto probablemente no vería ningún problema en ello. A pesar de que el parto puede ser traumático para el bebé, su vida depende de ello. Debemos pedirle al Señor Su perspectiva en cuanto a los cambios por los que atravesamos. *Elcambio llega para elevar.Para que un ascensor se eleve, las puertas deben cerrarse primero.*

Aceptar la voluntad de Dios en nuestras vidas es tan natural como el montículo de arcilla que se convierte en algo de uso y valor en las manos del orfebre. No aceptar la voluntad de Dios es tan absurdo como el montículo de arcilla imponiendo al alfarerolo que cree debe convertirse. No todas nuestras preguntas tendrán respuesta ahora, pero el tiempo es la máxima autoridad sobre todas las cosas y **eltiempo sólo rinde cuentas a Dios**. La sabiduría divina no proviene del hombre; es juiciosamente revelada por Dios a través de la oración y Su palabra, la Biblia.

El Razonamiento de Dios no puede recortarse como un cupón de descuento dominguero. No existe una solución de microondas a lo que toma tiempo verdadero para lograrse. Utiliza este período de tu curación para aplicar tiempo y cuidadosa atención a tu herida. Permite que el Señor te muestre Su mano en medio de tu desenmaraño. Lo que hizo a Job un caso clásico de completa confianza en Dios fue porque que sabía que Él no se movería, incluso cuando su esposa y sus amigos pensaron que recibía la ira de Dios mismo.

El hombre a veces comprenderá por lo que estás pasando, pero sólo el Autor de nuestra fe sabe por qué estás pasando por eso. Es por eso que se dice que cualquier hombre puede contar la cantidad de semillas en una manzana, pero sólo Dios sabe la cantidad de manzanas en una semilla. Esta es la razón por la que tenemos que preocuparnos más con la audiencia de Uno que tenemos con nuestro Dios que con las preocupaciones y aprobación del hombre.

La clave para aceptar lo que Dios permite reside en "Junto a tranquilas aguas me conduce; (**pero si las aguas se convierten turbias**) me infunde nuevas fuerzas. Me guía por sendas de justicia por amor a su nombre. Aún si voy por valles tenebrosos, no temo peligro alguno (**¿Oh muerte donde está tu punzada, Oh sepulcro donde está tu victoria?**) porque tú estás a mi lado; tu vara de pastor me reconforta. (**Dios vela por tus espaldas**). Dispones ante mí un banquete en presencia de mis enemigos. (**Tendré paz incluso en compañía de mis enemigos**) Has ungido con perfume mi cabeza; has llenado mi copa a rebosar. (**Su unción sobre mí es más de lo que necesito**). La bondad y el amor me seguirán todos los días de mi vida; y en la casa del Señor habitaré para siempre." (Salmo 23: 2-6, con comentario añadido).

Dios no ha cometido un error. No hay ningún defecto en el plan que concierne para ti. Sentirse de esta manera no se considera ser espiritual, esto es lo normal si lo piensas. Una vez más, se trata de esa analogía del espíritu siendo encarcelado en nuestra carne. Los dos necesitan equilibrio o se ubicarán en desesperada oposición entre sí y acabarás viviendo en la miseria. La perspectiva de la mente es siempre poner en duda lo no puede entender y el propósito del espíritu es creer e interpretar lo que la mente no puede ver. Esto se denomina fe. Hasta el individuo más incrédulo es capaz de mostrar fe varias veces al día. Cuando van a dormir tienen fe de que su corazón no se detendrá en medio de la noche causándoles la muerte repentina. Cuando toman asiento, esperan que la silla apoye su peso.

No recogen la silla para inspeccionarla con una linterna y un manual de instrucciones con el fin de probar su integridad estructural. Simplemente tiran su trasero sobre ella como de costumbre. Por lo tanto, ves, incluso nuestra metodología mental es fallida. En el siguiente capítulo, "Tomando Dominio" revisare cada metodología que usa el enemigo y cómo esos métodos siembran miedo y duda en tu vida. El Señor te mostrará cómo utilizar el Espíritu Santo en tu proceso de expresión y pensamiento diario con el fin de dar al enemigo un ataque de pánico cada vez que abras la boca.

A menos que se determine el valor de algo, su uso indebido es inevitable. Es la naturaleza pecaminosa del hombre de abusar de las cosas que no comprende. La mayoría de nosotros nunca hemos aprendido sobre nuestro valor, por lo que abusamos de nuestros cuerpos, mentes y espíritus. Damos rienda suelta para que otros hagan lo mismo. En el capítulo siguiente, aprenderás cómo utilizar tu lugar secreto para hacer una valoración de tu vida. Con el fin de conocer tu grandeza, necesitas conocer la grandeza de Aquél quien te creó.

Permíteme poner esto de otra forma. *Tu temporada no se convertirá en tu clima.* Las temporadas cambian, pero el clima es determinado por varios años de condiciones meteorológicas consecutivas y coherentes. Estas condiciones son científicamente reunidas y estudiadas durante años antes de que se formule una determinación sobre lo que será el clima. Por lo tanto, no te apresures a la conclusión de que tu vida parece ser lo mismo que ahora sientes.

Mi propósito es ayudarte a servirle al enemigo sus papeles de evicción de tu vida. Es hora de dar un giro a tu vida para que él tome la posición asignada por Dios. Es decir, estar sujeto a ti. Y, para que tú puedas tomar tu legítimo lugar tomando dominio sobre él y cada una de sus manifestaciones. Es hora de que le arrebates todo lo que le permitiste robarte. Por demasiado tiempo, muchos creyentes han sido como niños de tres años de edad, llorando por la golosina que él les robó. Ahora es el momento de pelearle de la misma manera que Mike Tyson lo hacía con su oponente en el cuadrilátero. Es hora de infundir miedo en el ámbito espiritual de este mundo, avivando la atmósfera con el nuevo conocimiento de tu herencia sacerdotal. ¿Estás listo? ¡Vamos a hacerlo!

Lastimada Pero Invaluable

CAPÍTULO TRES
TOMANDO TOMINIO

Aquellos a quienes el Señor ha llamado fueron predestinadas para alcanzar grandeza antes de que los cimientos del mundo fueran enmarcados con estas palabras: "Que se haga." Por lo tanto, antes de aplicar tu fe al ámbito espiritual; ten en cuenta que tu aprobación ya estaba de camino.

TU FORMA DE PENSAR

Uno de mis principios favoritos es de un escritor desconocido: "Vigila tus pensamientos, porque se convierten en tus palabras; vigila tus palabras, porque que se convierten en tus acciones; vigila tus acciones, porque se conviertan en tus hábitos; vigila tus hábitos, porque se convierten en tu personalidad; vigila tu personalidad, porque se convierte en tu destino."

Si una de cada cinco personas en este planeta verdaderamente entendiera y siguiera esta metodología, este mundo tendría un 20% de probabilidad de ser un mejor lugar donde vivir. Esa estimación es mi objetivo y cuando llegues al final de este libro, ruego se convierta también en tu objetivo. Si aún no eres creyente de esta metodología, comencemos por disciplinarte. Tus pensamientos y forma de pensar son la cosa más privada que posees. Incluso tu salvación es algo de lo que tienes que compartir y hablar si estás siguiendo la Gran Comisión:

"A continuación, Jesús se les acercó y dijo: Se me ha dado toda autoridad en el cielo y en la tierra. Por tanto, vayan y hagan discípulos de todas las naciones, bautizándolos en el nombre del Padre y del Hijo y del Espíritu Santo, enseñándoles a obedecer todo lo que les he mandado a ustedes. Y les aseguro que estaré con ustedes siempre, hasta el fin del mundo."
(Mateo 28: 18-20)

Lo único que es puramente privado son tus pensamientos. Si alguien roba tu cartera o bolso podrían usar tus tarjetas de crédito e identificación y asumir tu identidad, pero no pueden asumir tus pensamientos. Tus pensamientos, la parte más íntima de tu existencia, cuentan la verdadera historia sobre quién realmente eres. Estos pensamientos dicen la verdad acerca de todos los que conoces y amas. Incluso hablan la verdad sobre tus sentimientos acerca de Dios. Por lo que con el fin de transformar tu vida de víctima a vencedor, primero debes transformar tu forma de pensar.

¿No es un alivio que nuestros pensamientos no pueden ser escritos en nuestra frente para que todos los vean? Si así fuese, una tercera parte de nosotros estaría en la cárcel. Un tercio se quedaría sin seres queridos y otro tercio se daría a la fuga usando máscaras de esquiar. Esto ilustra el verdadero poder de nuestras intenciones, palabras y acciones. Estas reúnen la triple amenaza original. Dios dijo: "Hagamos el hombre a Nuestra imagen" (Génesis 1: 26), lo que muestra Su intención. Dios dijo "Que se haga la luz" (Génesis 1: 3) lo que muestra sus palabras. "Por lo que Dios creó al hombre a Su imagen" (Génesis 1: 27), he ahí Sus acciones. Ves, literalmente Dios enmarca el universo, planea la humanidad y, a continuación, la crea.

¿Acaso no ves el impresionante poder que Dios puede expresar a través de ti? Si el enemigo pudiese tomar las diez escrituras de la Biblia que más odia, estoy seguro de que uno de ellas sería, "*Les he dado autoridad para pisotear serpientes y escorpiones y vencer todo el poder del enemigo; nada les podrá hacer daño*" (Lucas 10: 19). Esta escritura haría inútil el reino del enemigo si nosotros como creyentes verdaderamente entendiéramos la intención de Dios cuando Jesús dijo esto. El enemigo tiene este mundo tan empeñado en placeres egoístas y distracciones de la palabra de Dios que convenientemente ignoramos las cosas que nos traen vida abundante. Debemos adquirir la mente de Dios con el fin de obtener Su patrocinio y poder en nuestras vidas.

Filipenses 2: 5 (VKJ) dice, "*La actitud de ustedes debe ser como la de Cristo Jesús.*" Jesús quiere que tengamos su mente. ¿Qué tipo de mente es esa? Examina los cuatro versos anteriores a ese: "*Por tanto, si sienten algún estímulo en su unión con Cristo, algún consuelo en su amor, algún compañerismo en el Espíritu, algún afecto entrañable, llénenme de alegría teniendo un mismo parecer, un mismo amor, unidos en alma y pensamiento. No hagan nada por egoísmo o vanidad; más bien, con humildad consideren a los demás como superiores a ustedes mismos. Cada uno debe velar no sólo por sus propios intereses sino también por los intereses de los demás."*

¿Qué es la mente de Dios? Dios quiere ocupar nuestros pensamientos con amor y abnegación. A fin de lograr esto nos dice, *"sean transformados mediante la renovación de su mente"* (Romanos 12: 2) La palabra griega para renovación es *anakainosis*, que significa *desintoxicar* y *restaurar*. Por lo que Dios no está simplemente diciendo que cambies de mente. Está diciendo que la renueves, eliminando pensamientos venenosos y conductas que matan lentamente.

Es duro aceptar que *algunas* de las cosas que han sucedido en nuestra vida han ocurrido debido a nuestras propias palabras y pensamientos. Independientemente de cuan cristiano o pecador seas, las leyes de atracción entran en juego. Dediquemos un momento para reflexionar en esto. Con el fin de lograr los cambios que queremos en nuestra vida, debemos aceptar que primero es necesario realizar cambios enormes dentro de nosotros mismos. Literalmente puedes cambiar tu vida leyendo este libro y no simplemente porque yo lo escribí y quiero el crédito.

El crédito no será para mí. Si decides cambiar, es porque las verdades que se reúnen en estas páginas se implantan en este momento de tu vida, y estás listo para aceptarlas debido a tu madurez y agotamiento. Todas las revoluciones de la vida se producen por una combinación de desesperación y tiempo. El tiempo te lleva a madurar y tu desesperación proviene de estar cansado de lo mismo. Esta revolución dentro de ti sólo ocurrirá si aceptas que no serás todo lo que Dios espera de ti en este momento.

Si estas desesperada por un cambio, debes estar igualmente desesperada por desligarte de las formas de pensar que cosecharon dolor en cuanto a la identidad de Cristo. Él no murió para que tomaras el volante y abandones la escena del aparatoso accidente que causaste. Murió para que te eleves por encima del atasco de tráfico que consume a tantos otros. "El que habita al abrigo del Altísimo se acoge a la sombra del Todopoderoso. " (Salmo 91:1). Dios quiere ser tu refugio, portavoz, guardaespaldas, esposo, hermano mayor, Padre rico y poderoso—el grueso emoliente que cubre tu cuerpo y llena de todas tus necesidades.

A medida que avanzamos, debes entender que el Espíritu Santo es una gran ventaja que demasiadas personas pasan por alto. Como resultado, viven empobrecidos y por debajo de su privilegio. A la vez que miramos hacia adelante, se nos revelarán las herramientas para convocar el poder inherente que Dios nos regala por el Espíritu Santo y retomar todo lo que permitimos que el enemigo nos robara.

TOMA DE CONCIENCIA

Mientras estaba aún en esta tierra, Jesús dijo a sus discípulos, "*Y yo le pediré al Padre, y él les dará otro Consolador para que los acompañe siempre: el Espíritu de verdad" (Juan 14:16-17)*. Justo antes de partir, prometió, "*Pero cuando venga el Espíritu Santo sobre ustedes, recibirán poder" (Hechos 1:8)* No hay nada que Dios quiera más que estemos felices y exitosos en esta jornada hasta que Él regrese. Como cualquier padre responsable que necesita dejar temporeramente a sus hijos, Él nos ha dejado con directrices (la Biblia) y una guía calificada y responsable (el Espíritu Santo) para garantizar que le sigamos.

Esta guía es poderosa: ese poder es el mismo Espíritu de Dios que estaba presente cuando Dios dijo "*hagamos el hombre a nuestra imagen."* (Génesis 1: 26). Este Consolador, como Jesús le llamó, es el Espíritu Santo. De hecho, Dios estima este consolador de forma especial. "*Les aseguro que todos los pecados y blasfemias se les perdonarán a todos por igual, excepto a quien blasfeme contra el Espíritu Santo. Éste no tendrá perdón jamás; es culpable de un pecado eterno".* (Marcos 3: 28-29)

Dios es serio en cuanto a su espíritu. No podemos tratar el Espíritu Santo como un miembro de la familia u otra persona que nos pasa por el pasillo. El Espíritu Santo es la persona del trio divino de la que menos oímos a pesar de que pasamos el más tiempo con Él. Aunque nos prepara al rapto divino se sabe poco sobre Él. Después de leer los cuatro evangelios, puedes haber llegado a la conclusión de que los discípulos que Jesús eligió eran un grupo de hombresbastante disfuncional. Padecían de egos, problemas de déficit de atención, frecuentes azotes de aturdimiento, copiosas cantidades de cobardía, eran criticones y movidos por beneficio personal.

Todo esto me recuerda el perfil de personalidades de la Iglesia hoy en día. Es por eso que la Iglesia no se ha movido de lugar desde hace más de 2.000 años. Los discípulos tenían la excusa de vivir con Dios encarnado y no tener la ventaja de tenerle dentro. ¿Cuál es nuestra excusa? Jesús dijo que recibiríamos poder cuando el Espíritu Santo habite en nosotros. ¿Sientes ese poder? Lo harás. La razón por la que la Biblia hoy en día no hace mucha referencia al Espíritu Santo es porque cuando la versión King James fue completada en 1611 la Iglesia Anglicana quería una versión más conveniente para su estructura de liderazgo.

Estos líderes no le vieron uso a la ambigüedad del Espíritu Santo en su versión. La versión original se consideraba "problemática" para los puritanos. Como ya sabrás, la Biblia como la conocemos actualmente está lejos de la obra original de la palabra de Dios. Las escrituras que faltan han sido quemadas, robadas y ocultas durante cientos de años. Algunas fueron encontradas en el desierto de Judea en la década de 1940 y hablan del establecimiento del segundo templo, que fue el mayor logro del rey Salomón. El resto se quedó con académicos, arqueólogos y grandes narradores.

Basta con decir que el Espíritu Santo está aquí para llenar los espacios en blanco. Por eso Cristo le dijo a sus discípulos, *"Muchas cosas me quedan aún por decirles, que por ahora no podrían soportar. Pero cuando venga el Espíritu de la verdad, Él los guiará a toda la verdad, porque no hablará por su propia cuenta sino que dirá sólo lo que oiga y les anunciará las cosas por venir. Él me glorificará porque tomará de lo mío y se lo dará a conocer a ustedes. Todo cuanto tiene el Padre es mío. Por eso les dije que el Espíritu tomará de lo mío y se lo dará a conocer a ustedes. (Juan 16:12-15)*

El Espíritu Santo está aquí para asesorar, proteger y condenar al mismo tiempo que presiona hacia la meta del llamado en Cristo Jesús. Ahora, aquí están las reglas de contratación sobre como beneficiarse de este poder. El Espíritu Santo es el Protector y el vigilante que vive adentro y nunca duerme ni falla.

REGLAS DE CONTRATACIÓN

El Espíritu Santo sabe lo que viene más allá de nuestro próximo suspiro y lo que está a la vuelta de la esquina. A la vez que dormimos, existen fuerzas espirituales y maldad que tratan de sofocar nuestras vidas y extinguir nuestro propósito antes de despertarnos. Tenemos que entender que Dios y el Espíritu Santo han asignado ángeles para ayudarnos cada hora del día. Salmos 91:11 dice, *"Porque Él ordenará que sus ángeles te cuiden en todos tus caminos"* El enemigo no quiere que sepas esto. Él quiere que despiertes y maldigas a Dios y este día, que te ha sido dado como regalo. Él quiere que labores bajo el mismo espíritu oscuro y pesado bajo el que trató de ponerte el día anterior. Literalmente hay ángeles esperando por ti, listos para ayudarte. El Espíritu Santo está de pie a la espera de tus peticiones de corazón limpio. Estos Ángeles pueden ir durante el día y colocar tu resumé en la parte superior de la pila de otros solicitantes. Puede suavizar el corazón del juez, oficial de policía, profesor, jefe o quien sea que aparente tener tu destino y el de tus seres queridos en sus manos.

El Espíritu Santo quiere decirte cómo reaccionar y qué decir cuando no tienes idea de qué hacer. El Espíritu Santo incluso te aconseja acerca de cómo orar y por lo que debes orar pero tienes que preguntarle. ¿Deseas oír más? Bien, hay un truco para poder tener acceso absoluto a este poder. En primer lugar debes limpiar tu mente: "*No se amolden al mundo actual, sino sean transformados mediante la renovación de su mente. Así podrán comprobar cuál es la voluntad de Dios, buena, agradable y perfecta.*" (Romanos 12: 2). La mayoría ve esto como un requerimiento básico para intentar no confundirse con pecadores en su forma de pensar. Aquí está una perspectiva detallada de la versión divina sobre la renovación de tu mente. La palabra griega para *transformado* es *metamorfo* de donde proviene la palabra metamorfosis. La traducción literal del griego es transfigurar, como en la transfiguración de Cristo descrita en Lucas 9: 27-36. Esto fue cuando Jesús se transfiguró en una montaña luciendo radiante y angelical en apariencia a la vez que Su divinidad se revelaba por encima de las imágenes de Moisés y Elías, las figuras preeminentes del Judaísmo.

Romanos 12: 2 dice *ser transformados mediante la renovación de su mente*. En griego la palabra para *renovar* es *anakainosis*. El significado de esta palabra es cambiar completamente eliminando impurezas, la desintoxicación de venenos mortales. En esencia, este verso dice, "Deja de pensar como las tendencias de este mundo; se radiante como Cristo en tu interior mediante la eliminación de formas tóxicas de pensar. A continuación, podrás ver la perspectiva divina en todo lo que vives." Este tipo de perspectiva te garantizará el éxito. La palabra de Dios nunca pretendió ser un inútil libro histórico, pero la Palabra de Vida. A través de la búsqueda del Espíritu Santo, cuando tomas el tiempo para entenderlo, comprenderás lo que Dios propone para tu vida personalmente.

Sugiero que la mejor manera de comenzar tu día en esta búsqueda del espíritu de Dios — por bendiciones, protección y orientación — es saludarle correctamente y permanecer en comunión con Él durante todo el día. Lo siguiente es un "Saludo Matutino al Espíritu Santo" que el Señor me dio para las clases de mejoría personal que enseño. Memoriza e internaliza esta oración. Dila inmediatamente cuando despiertes en la mañana. Antes de saludar a tu cónyuge o levantarte de la cama, dile al Espíritu Santo, "Buenos días." Recuerda que no fue tu reloj interno quien te despertó, ni tampoco tu despertador o cónyuge. El espíritu de Dios causó que tus ojos se abrieran a este lado de la gloria. Saludarle como tal le glorifica en tu vida.

SALUDO MATUTINO AL ESPIRTU SANTO

Señor te doy gracias en este momento por el aliento de vida y el uso de mis facultades y salud. En este momento Señor te doy gracias por tu protección en mi vida de cada entidad, intento y manifestación que no sea como Tú.

Espíritu Santo, usted es el único Señor de este mundo. Completamente toma control sobre mis pensamientos, palabras y hechos. Gracias a ti, no hay nada que pueda entrar en mi vida física, mental o espiritual que pueda dañarme a mí o las vidas que amo y toco. Mi deseo es glorificarte en este día. En el nombre de Jesús, ¡Amén!

Puse deliberadamente esta oración en letras más grande para no tengas ninguna dificultad en encontrarla en esta página si la necesitas de prisa. Esa es la forma en que el Espíritu Santo se posiciona en nuestras vidas. Se coloca en esta tierra para ser la persona más grande e integral en nuestras vidas, pero le perdemos entre los muchos otros detalles terrenales de nuestras vidas.

Comparte su gloria con otros seres queridos, abriendo la página web de www.thepowerofperespective.net.Ve a la ficha titulada "oraciones" y "afirmaciones" e imprímela. Coloca las copias en tu espejo, cuarto de baño de tus hijos, puerta, oficina y cualquier otro lugar que necesites ser recordado de QUIEN verdaderamente mantiene tu calendario.

ACEPTA LOS HECHOS

La verdad no merece ninguna recompensa, ni dignifica una respuesta. La verdad es Suprema y por lo tanto, absoluta. Cuando internalizamos esta realidad, cambiarse a uno mismo y aceptar el mundo tal como es se nos hace más fácil. Esta es la lista de cosas que debemos tener en cuenta a la vez que preparamos la plataforma para tomar el dominio de nuestras vidas.

1. **Los pensamientos en tu vida.** Mantén un recipiente limpio. Tal como encontramos baños públicos sucios y con olor ofensivo, los pensamientos tóxicos en nuestra vida pueden ofender al Espíritu Santo. No soñarías con pasar la noche en uno de estos baños, así que ¿Por qué deberíamos someter el Espíritu Santo a nuestras mentes mientras se encuentran en ese estado?

2. **Vigila tu boca.** Nuestra lengua responde directamente a los pensamientos y objetivos que la impulsan. Por lo que si nuestros pensamientos son sucios, nuestras palabras eventualmente se derraman de la misma manera. ¿Cómo podemos besar a nuestros seres queridos, pronunciar palabras de curación, amor, adoración y alabanza a Dios si

nuestras bocas están sucias? No tomarías de una copa que encuentras en ese sucio sanitario público, Entonces ¿Por qué usarías esa boca sucia ante el amor de Dios? Como dice en Mateo 12: 36-37, *"Pero yo les digo que en el día del juicio todos tendrán que dar cuenta de toda palabra ociosa que hayan pronunciado. Porque por tus palabras se te absolverá, y por tus palabras se te condenará."*

3. **Quita los pesos que te detienen.**Tus puntos fuertes pueden ser las cosas que te detienen. Como muchos otros, nos escondemos detrás de máscaras. Transforma y Renuévate. Si Dios te ha hecho la hermosura que eres, entonces pídele que te muestre cómo Él te ve. Sal atrás del maquillaje pesado, el sarcasmo, la frialdad, el orgullo y la arrogancia. Aunque la vida te haya hecho de esta forma, hay cosas que debes dejar atrás con el fin de seguir adelante. (Lee Jueces 6-8). La falsa armadura detrás de la que nos escondemos nos fallará en batalla. Confía a Dios que aminore tu exceso de bagaje.

4. **Se soltera y completa.**Sólo porque eres soltera no significa que estés incompleta. Mi libro, *Soltera, Pero Completa* cubre esto en más detalle. No esperes que venga alguien a hacerte sentir completa. ¿Qué sucede si el otro está feliz con ellos mismos pero se encuentran con tu persona incompleta? ¿Dónde quedas tú? Dios quiere ser quien te complete. Él quiere llenar todas tus grietas y agujeros. Si permites que un hombre o mujer haga esto, otra persona obtendrá tu amor y devoción. Y cuando esta otra persona te falle, quedarás enojada con Dios por permitir que eso sucediera.

5. **Cuidate de los odiosos.**La única persona que alguna vez ha muerto por ti y se levantó de nuevo es Jesús. Mientras planeas poner tu vida bajo control, siempre habrá quien venga al ataque, queriendo comer tu alegría y propósito, porque no tienen los propios. A los odiosos les complace ver la gente caer. Nunca tienen nada bueno que decir sobre el éxito de otra persona. Así que, se consciente de con quien compartes tus bendiciones e intenciones porque pueda ser que quieran invalidar tus proyectos.

6. **Balancea donadores y recibidores.** Así como las olas en la playa vienen y van, hay gente que te da o quita. Ten cuidado de no rodearte con demasiados recibidores al mismo tiempo. También asegúrate de no rodearte con sólo donadores. Eso significa que tú eres el recibidor. La vida y relaciones son todo a base de equilibrio.

7. **Ten cuidado del miedo.** El enemigo utiliza el miedo para distraernos de la verdad. *"Les he dado autoridad para pisotear serpientes y escorpiones y vencer todo el poder del enemigo; nada les podrá hacer daño "* (Lucas 10: 19). Miedo a estar sin dinero, miedo a estar sola, miedo a lo que la gente piense o diga y miedo a no saber el futuro son los miedos que nos estancan. Pues bien, tengo noticias para ti: la gente ya está pensando y hablando, pero aún no les has oído. Todas las demás circunstancias pueden suceder en un solo día. Recuerda que el miedo es no del Señor pero del enemigo.

8. **Ejercer disciplina, moderación y compromiso.** Disciplina: Saber cuándo hacer lo correcto y hacerlo incluso cuando no te guste. Moderación: Saber cuándo no hacer algo o evitar hacer algo que sabes no es beneficioso. Compromiso: Hazlo de manera consistente para que seas considerado fiable en todo lo que haces. Estas palabras te ganarán el respeto con todos los que te conocen, incluyendo los que te desean mal.

9. **Recuerda que tu pasado no es tu futuro, ni tu condición será tu desenlace.** Recuerda que todas las cosas caen en su lugar para aquellos que aman a Dios y son llamados conforme a Su propósito. (Vea Romanos 8: 28). Si sabes que tus pensamientos y vida son limpios, entonces el infierno por el que estás pasando llevará a todos los que toques un poco más cerca del cielo.

Ahora que tenemos algunas ideologías básicas en orden, pongamos brazos y piernas a nuestro molde. Ahora que sabemos que debemos limpiar nuestra mente, ¿Qué sustituimos por esos viejos pensamientos? Las dietas son difíciles de seguir, porque sabemos lo que no deberíamos comer, pero no tenemos nada sabroso que comer en su lugar. Así que aquí hay algo para ayudarte.

DECLARACIONES

Mi mundo se sacudió una noche que enseñaba a los adolescentes en mi iglesia. Mi pastor estaba ausente y me pidió que le sustituyera. Enseñé sobre el tema, "No más miedo". Pregunté a los adolescentes en forma anónima escribir tres cosas: 1) el peor pensamiento que han tenido 2) lo peor que hayan dicho 3) lo peor que han hecho. Luego recogí los papeles y los mezcle entre sí. El propósito era ilustrar que el enemigo nos hace pensar que somos la única persona que se siente de tal o cual manera.

Entonces las leí en voz alta para que los adolescentes escucharan sus pensamientos leídos por otra persona, para que entendieran que no estaban solos en sus pensamientos y acciones. De los 55 que leí, sólo unos pocos no eran sobre pensamientos de asesinato, suicidio u odio a sus padres. Estos eran chicos suburbanos de una ciudad de alrededor de 40.000 personas, no callejeros, ni criminales juveniles. Eso me enseñó una valiosa lección acerca de las luchas y ataque espiritual que los adolescentes y niños enfrentan constantemente.

Las declaraciones diarias son una parte importante de nuestra dieta espiritual. Como cualquier dieta, si no consumimos lo que es saludable, nuestro cuerpo sufrirá a largo plazo. Lo mismo es cierto sobre nuestra alma. Capturé algunas de ellas en mi primer libro *El Poder de la Perspectiva*, en un capítulo sobre cómo construir una relación más fuerte con su niño y adolescente. La Dra. Cindy Trimm es una profesora de renombre y expositora de la palabra de Dios. Tiene un don extraordinario en el área de preparar al creyente para la guerra espiritual. Su don de impregnar la atmósfera con decretos y declaraciones ha cambiado el destino de todos los que creen en el poder de nuestro Dios viviente. Recomiendo encarecidamente que añadas sus enseñanzas a tu repertorio y las internalices en tu espíritu. Me siento orgulloso de considerar a la Dra. Trimm como amiga y mentora. Visite su sitio Web en www.cindytrimm.com.

Esa misma noche que di a los adolescentes las declaraciones que había creado para mis hijos en mi libro *El Poder de La Perspectiva* quedé maravillado por su reacción después de leerlas en voz alta. Parecía como si nadie nunca les hubiere dicho estas cosas antes. Como resultado de este ejercicio, me inspiró pedir a nuestro pastor repetir estas mismas declaraciones con toda la iglesia para que los asistentes pudiesen compartirlas con sus hijos. También he creado algunas afirmaciones específicamente para ti. Es importante para los niños poder centrarse y meditar en las cosas de Dios desde una edad temprana. Estos pensamientos le ayudarán a luchar contra las distracciones y pensamientos destructivos que entran en juego a medida que llegan a la adolescencia. El diablo bombardea a los niños de esta edad con estas distracciones con el intento de conseguir que se autodestruyan.

Estas afirmaciones están diseñadas para mantener nuestras mentes centradas en las cosas de Dios a la vez que atravesamos nuestros días colmados de distracciones. Así como te levantas y estiras los músculos después de estar en la misma posición durante un largo tiempo, debes hacer lo mismo con tu espíritu. Estira tu mente y espíritu recitando estas declaraciones en voz alta para que tu mente pueda oír las palabras que salen de tu boca.

Estas afirmaciones, así como el Saludo Matutino al Espíritu Santo son parte del tiempo diario de devoción a mi familia. Han sido una bendición para nosotros. Estas afirmaciones también se encuentran en mi página Web para que pueda descargarlas e incluirlas en tu ambiente.

NO MÁS MIEDO

SEÑOR, TE DOY GRACIAS POR MI VIDA, SALUD, PROTECCIÓN Y MENTE. TE DOY GRACIAS POR CADA DÍA DE VIDA CON QUE ME BENDICES CON LA CAPACIDAD DE PENSAR, VESTIR, ASEAR, Y ALIMENTARME A MÍ MISMO.

PADRE, PROFESO QUE TU ERES EL ÚNICO DIOS SABIO Y VERDADERO EN MI VIDA.NO HAY DIOS EN MI VIDA POR ENCIMA DE TI. TÚ ERES EL AUTOR DE MI FE. SEÑOR, TU ERES LO PRIMERO EN MI VIDA

HAS DICHO EN ISAÍAS 54:17 QUE NO PREVALECERA NINGUNA ARMA QUE SE FORJE CONTRA MI Y QUE TODA LENGUA QUE ME ACUSE SERA REFUTADA.
DECLARO QUE MI VIDA ES LA EXPRESIÓN MILAGROSA DE TU AMOR, SANIDAD, PERDÓN Y MISERICORDIA. YO SOY TU MAYOR LOGRO.

SEÑOR, TU ME HAS HECHO INTELIGENTE, BONDADOSA, AMOROSA,
COMPASIVA, COMPRENSIVA Y MISERICORDIOSA HACIA LOS DEMÁS. COMO RESULTADO, INTELIGENCIA, BONDAD, AMOR, PERDÓN, COMPRENSIÓN Y MISERICORDIA SIEMPRE SERAN MOSTRADOS HACIA MÍ.

DECLARO QUE TU SENOR ME RODEARAS CON TU PAZ Y FAVOR. ME RODEARÁS CON AMISTADES Y RELACIONES QUE ME DESEEN BIEN EN TODO MOMENTO.

USTED HA DICHO EN SALMOS 91:11 QUE ORDENARAS QUE ANGELES ME CUIDEN EN TODOS MIS CAMINOS. EN EL NOMBRE DE JESÚS, DOY INSTRUCCIONES A TODOS LOS ÁNGELES MENSAJEROS A MOVERSE EN MI NOMBRE Y HABLAR POR MI.

EN EL NOMBRE DE JESÚS DECLARO QUE EL ESPÍRITU SANTO EMPLEARÁ TODO LOS ANFITRIONES ANGELICALES Y RECURSOS TERRENALES PARA GARANTIZARME UN VIAJE SEGURO Y MI HABILIDAD PARA ALCANZAR Y ACTUAR CON LA SABIDURÍA DE

DIOS, CONOCIMIENTO Y ENTENDIMIENTO PARA MI VIDA.

EN EL NOMBRE DE JESÚS, ESTOS ANFITRIONES ESPIRITUALES Y RECURSOS TERRENALES ME PROTEGERÁN Y CAUSARAN A MI Y A MIS SERES QUERIDOS PROSPERAR ESPIRITUAL, MENTAL Y FÍSICAMENTE.

ESPÍRITU SANTO, SÉ QUE BLOQUEARÁS AL ENEMIGO Y ESOS QUE ME RODEAN CON ENVIDIA Y DESEAN DAÑO. HARÁS QUE EL ENEMIGO FALLE EN CADA INTENTO DE MANIFIESTARSE EN MI VIDA.

ESPÍRITU SANTO, COMO MI CONSOLADOR DECLARO QUE TU ERES EL JEFE DE TODO LO QUE SOY Y PUEDO COMPRENDER. ESPÍRITU SANTO, VELA POR MÍ EN MIS EXPERIENCIAS DIARIAS, ESTUDIOS Y PRUEBAS.

HAZ QUE MI MENTE ESTE LIBRE DE DISTRACCIONES DE NINGÚN TIPO Y CUALQUIER MANIFESTACIÓN DE MALDAD Y DESOBEDIENCIA. COMO RESULTADO, ESPÍRITU SANTO, RENUEVA Y RESTAURA COMPLETAMENTE MIS PENSAMIENTOS Y PUNTO DE VISTA PARA QUE COINCIDA CON EL TUYO. PORQUE TE QUIERO DE TAL MANERA, ENSÉÑAME A VER LAS COSAS Y PERSONAS COMO LO HACES TU.

SEÑOR, DECLARO QUE PROTEGERÁS MI CASA, FAMILIA Y TODO LO QUE ME HAS DADO. SEÑOR DECLARO QUE TU FAVOR, GRACIA Y MISERICORDIA ME SEGUIRAN A TODAS PARTES AHORA Y SIEMPRE.

EN NOMBRE DE JESÚS, ¡AMEN!

DECLARACION DE INTENCIONES

PADRE, EN EL NOMBRE DE JESÚS, DECLARO QUE TU ERES EL UNICO ENTIDAD DIRIGENTE QUE ACEPTARE EN MI VIDA.

SEÑOR, EN ESTE MOMENTO RINDO MI FORMA DE PENSAR Y FACULTADES MENTALES A TI COMPLETAMENTE. ENTREGO MI VIDA DE PENSAMIENTOS IMPÍOS A TI. LOS PONGO A TUS PIES PARA SU COMPLETA Y ABSOLUTA DESTRUCCIÓN.

PADRE, DECLARO QUE A TRAVÉS DE TU SANACION Y SANGRE REDENTORA YA NO ESTOY CAUTIVO A LA MALDAD DE MI PASADO. RINDO LOS HÁBITOS SANGUINARIOS DE MI BOCA A TUS PIES.

SEÑOR, SÉ QUE MI FORMA DE HACER LAS COSAS NO TE ES AGRADABLE, POR LO QUE OFREZCO MI CUERPO, TOTAL EXISTENCIA, ANTOJOS PECAMINOSOS Y HÁBITOS EGOISTAS PARA QUE ME TRANSFORMES Y RENUEVES.

PADRE, POR FAVOR, VACIA MI COPA DE CUALQUIER RESIDUO PECAMINOSO QUE QUEDEEN MI. SEÑOR, TOMA PLACER EN EL HECHO DE QUE LA UNICA REFLECCION QUE PUEDES VER EN MI COPA ES LA TUYA.

SEÑOR, QUITA TODO DESEO POR LOS PLACERES PECAMINOSOS EN MI VIDA. COMPLETAMENTE REMUEVE EL GUSTO POR EL PECADO DE MI VIDA HASTA QUE YA NO ME SEA FAMILIAR.

SEÑOR, SÉ QUE A TRAVÉS DE TI PUEDO MOSTRAR DISCIPLINA, MODERACIÓN Y COMPROMISO EN MI CAMINATA CONTIGO. SEÑOR, A TRAVES DEL ESPÍRITU SANTO, ME GUIARÁS EN UNA RUTA DE VERDAD Y SERE CIEGA E IMPERMEABLE A LAS DISTRACCIONES Y DARDOS ARDIENTES DEL ENEMIGO.

ESPÍRITU SANTO, A TRAVÉS DE TU PODERÍO, RETIRARE DE MI PLATO EL EXCESO DE COMIDAS QUE SON PERJUDICIALES PARA MI CUERPO Y POR LO TANTO, PERJUDICIALES PARA TU TEMPLO Y MI HABILIDAD PARA SERVIRTE EN MENTE, CUERPO Y ALMA. ESPÍRITU SANTO, QUITA MIS IMPULSOS POR LAS AZÚCARES, GRASAS Y OTROS ALIMENTOS QUE POCO A POCO ME DESTRUYEN.

SEÑOR, DECLARO Y DECRETO QUE ME HAS FORTALECIDO CON LA CAPACIDAD DE LIMPIAR MI MENTE Y BOCA DEL LENGUAJE Y PENSAMIENTOS QUE TE CONTAMINAN Y PROFANAN.

ESPÍRITU SANTO, A TRAVÉS DE TU PODER TENGO LA CAPACIDAD DE COMANDAR EL ENEMIGO A SACAR SUS MANOS DE TODAS LAS COSAS QUE ME HAS DADO. AHORA TENGO EL PODER DE FRUSTRAR LOS PLANES DEL ENEMIGO EN MI VIDA EN CUANTO A MI PROPOSITO.

EN NOMBRE DE JESÚS. ¡AMÉN!

Obviamente, estas afirmaciones pueden utilizarse en su totalidad o en parte. El punto más importante es que son inspiradas en la palabra de Dios para alentar tu corazón y motivarte en tu camino con el Espíritu Santo.

TOMANDO DOMINIO

Llega el momento cuando tienes que mostrar a todo lo envuelto en tu vida, de lo que estás hecha — de revelar a Dios y Su anfitrión angelical, usted mismo y el diablo cuál es tu maquillaje espiritual. He aquí un ejemplo de mostrar al enemigo de toda la creación su destino eterno en Revelaciones 20: 10, "*Y el diablo, que los había engañado, será arrojado al lago de fuego y azufre, donde también habrán sido arrojados la bestia y el falso profeta. Allí serán atormentados día y noche por los siglos de los siglos.*"

He aquí una simple oración que puedes internalizar que dará poder cuando necesite recordar quien está a cargo de quien:

Dios Padre, en el nombre de Jesús, comparezco contra todo poder y principado que es no sea Tu poder. Satanás, en el nombre de Jesús, comparezco contra cada una de tus manifestaciones en mi vida. Vengo contra el engaño y brujería del espíritu de depresión, ansiedad, miedo y cualquier otra enfermedad mental que utilice desde su caja de trucos y armas para atacarme. A través de la sangre de Jesucristo, te ordeno alejarte de mi vida y todo lo que amo y toco en este mundo. En

el nombre de Jesús, te ordeno a perder control sobre mi claridad de pensamiento y capacidad de articular y expresar mi amor y pasión por el único Dios sabio y verdadero de este universo, Jesucristo.

Mi pasado no es mi futuro, ni mi condición será mi resultado. En el nombre de Jesús, me rebelo contra cada plan y táctica que el enemigo ha orquestrado contra mí y mi vida. Como resultado de la sangre derramada por mí en el Calvario, te reprendo a ti y cada palabra hablada y deseada en contra mía desde los fundamentos del infierno desde donde han venido.

Usted es el autor de todas las mentiras y confusión. Cada trabajo y palabra tuya está asentada en la muerte e inminente destrucción. No puedes crear vida, sólo plagiarla. Así que, tomo la autoridad a través de la sangre de Jesús para recordarte de tu destino final, que está ya preparado en el lago de fuego donde serás atormentado con impensable sufrimiento día y noche para toda la eternidad.

Este es el inicio de cómo tomar dominio sobre tu vida. Lee estos capítulos una y otra vez hasta que puedas aplicar su relevancia en tu vida de manera consistente. Debes ser fiel en el capítulo 3 para poder llevar a cabo el capítulo 4. Recuerda, la fe sin obras está muerta.

Lastimada Pero Invaluable

CAPÍTULO CUATRO
EL PROCESO DE PERDONAR

Decidir no perdonar y dejar ir es como beber veneno y sentarte a esperar que la persona que te hirió muera.

CENTAVOS Y RENCOR

Imaginate todo el día aferrado a tres centavos que no puedes soltar y punto. Un centavo tiene el valor más pequeño de cualquier moneda acuñada en un país de habla inglesa. Equivale un porciento del dólar de los Estados Unidos y se compone de zinc y cobre, lo que tiene poco valor individual. He aquí cómo esta simple pieza de metal puede costarte todo lo que posees, incluyendo tu tranquilidad.

Te aferras a estos centavos entre el dedo índice y el pulgar de tu mano dominante. Aunque los centavos son pequeños y no muy pesados, eventualmente sentirás la tensión y el inconveniente de tener que sostener tu mano o al menos dos dedos en una misma posición.

Como fuerza de hábito, ocasionalmente intentarás alcanzar o agarrar algo con esa mano. Sin embargo, como resultado de tu incapacidad para sujetar cualquier otra cosa, deberás compensar, sobre compensar o aceptar que no puedes sostener una cosa y recibir otra. Esta incapacidad se convierte en tu discapacidad y, finalmente, modo de pensar. Con el tiempo, se convertirá en tu estilo de vida y destino. De hecho, el valor de estos centavos nunca podrá coincidir con el valor de las oportunidades que tendrás que perder o dejar pasar. Tu mecanismo para hacer frente a las cosas y mentalidad te harán cerrar los ojos a las oportunidades que se aparecen para ti.

Espero puedas ver la analogía: tu incapacidad para perdonar oscurecerá tu juicio y devaluará tu vida. ¿Ahora ves cómo tres centavos pueden costarte mucho? Aferrándote fuertemente a cosas de poco valor, perderás oportunidades de trabajo, relaciones y amistades.

Aunque puedas ser capaz de completar la mayor parte de tus tareas, pasarás cada momento en vigilia y planificación de cómo acomodar tu discapacidad. La mayoría de la gente notará algo peculiar sobre ti, pero no será capaz de poner un dedo sobre ello. Para seguir aferrándote a estos centavos, tienes que hasta dormir sin aflojar su agarre. Si los sueltas, tendrás que inmediatamente levantarte para encontrarlos. Después de un período de tiempo te encontrarás buscando un especialista para tratar de arreglar los daños a largo plazo.

Así es como el resentimiento invade, poco a poco, el equilibrio y normalidad de nuestras vidas. Dios puede necesitar que te aferres a algo nuevo, pero no puedes hacerlo porque tu mano está llena de algo mezquino. Ves, lo que sostienes no tiene ningún valor para el Maestro. Envió a su hijo a que te releve de esa carga. Cuando decidimos aferrarnos a cosas como dolor, ira, rabia o vergüenza, existe una parte de nuestra conciencia que debe recordar firmemente asirlo día y noche. Todo el que intente ser tu amigo íntimo o mantener una relación sana sentirá la carga de tu espíritu. Tu espíritu y personalidad se tendrá que conformar a recordar aferrarse a esa cosa. Si te das cuenta o no, aferrarse a algo, por pequeño que sea, consume energía.

Teniendo en cuenta que estos centavos de una manera u otra han tocado todas las facetas de tu vida, su valor tiene el potencial de irse por las nubes. El propósito de ser seres espirituales no es transportar ni ser obstruido sino estar libre de las cargas. Ser transparente ante Dios. Sé que probablemente sientes que lo que sostienes es más grave que unos pocos centavos. Tienes razón. Prometo intentar ayudarte a verlo de forma diferente al final de este capítulo. Mientras tanto, trata de recordar que la única persona diciéndote que te aferres a esos centavos eres tú mismo.

ESTOY ATASCADO

La mayoría de nosotros hemos sido enseñados el concepto de que cuando alguien nos lastima u ofende la carga de responsabilidad para la reconciliación recae en el autor del delito. Él o ella se supone que sinceramente pida disculpas; luego, tomamos el tiempo para considerar la disculpa y decidir perdónalos bajo nuestras condiciones. Este sistema de creencias puede variar, dependiendo del tamaño y gravedad de la ofensa. Notarás una cruda diferencia entre alguien diciendo "Lo siento" cuando accidentalmente se tropiezan contigo o descuidadamente marcha en reversa estrellándose en tu vehículo, en comparación con un acto impensable que cambia tu vida para siempre.

Con la excepción de las ofensas menores que he mencionado, rara vez paramos a considerar que la presión a perdonar importuna más al ofendido que al ofensor. Esta presión dice debo renunciar a mi derecho de conservar este delito sobre la cabeza de la otra persona. Como perdonador debes estar dispuesto a renunciar al resentimiento contra el delincuente. Hay un mayor grado de dificultad a perdonar si el delincuente no muestra ningún remordimiento por el delito. O bien, si él o ella ya no vive o es imposible conseguir esa persona para aclarar las cosas.

Cuando digo "aclarar las cosas", me refiero a expresar tus pensamientos y sentimientos acerca de lo que hizo esa persona. A veces desahogarte con esa es casi tan catártico como que ellos lleguen a ti con una disculpa sincera y desgarradora. Esto ayuda a traer cierre para que puedas seguir adelante. Ahora que he dicho esto, nada de esto significaría nada si crees que responsabilizar a esta persona es la única justicia que puedes tener a cambio del puñal que te han empujado en el estómago. Mientras enseñaba una clase sobre el perdón, un estudiante me dijo, "Si simplemente los perdonase sería como si se salieran con la suya. Por lo menos cuando ven la mirada de mis ojos, se sienten culpables. Lo sé porque tratan de ocultarse o miran hacia abajo."

Mientras hablaba con un Ministerio de mujeres solteras, otra mujer se me acercó y dijo, "Es difícil perdonar a mi ex porque lo veo al menos dos veces por semana y sigue tan presumido como siempre. No parece importarle lo que me hizo."

En ambos casos escucho el mismo mensaje. Estas mujeres están diciendo, "Tengo que albergar este resentimiento como homenaje a mi dolor, porque si no, nadie más lo hará. No puedo dejarlo salirse con la suya. Él debe pagar de alguna manera y esto me ayuda a lidiar con eso". Suena como si ambas estén diciendo, "Tiene que haber un letrero o auto parlante que declare "Esta persona es un malhechor."

Si sigues esta metodología, ignoras un factor crítico. ¿Qué sucedería si Dios adoptara esa misma perspectiva? ¿Qué sucedería si Dios nunca hubiese ofrecido a su hijo como el rescate para redimir el alma del hombre nuevamente bajo Su gracia? ¿Qué sucediera si Dios aún mantuviese rencor contra nosotros por lo que Adán y Eva permitieron que pasara en Su paraíso? El hecho es que si Jesús no limpiase completamente nuestra pizarra, no tendríamos ninguna esperanza. Incluso si no vimos la necesidad de disculparnos, aún fuimos perdonados. Así que, si el mismo creador del universo puede emitir una política de perdón incondicional, de igual manera debemos nosotros.

SÓLO LOS HECHOS

Si no recuerdas nada más de este capítulo, recuerda esto: nuestras vidas no son de ningún uso al Señor, ni la Cruz de ninguna importancia para nosotros, si primero no nos perdonamos entre sí.

Para ayudar a poner las cosas en su perspectiva adecuada, daré los textos bíblicos que apoyan el perdón. La escritura sirve como contenido, pero cómo la aplicamos sirve de contexto. La mayoría de las iglesias no logran llegar a alcanzar los adoloridos porque su liderazgo olvida el contexto de su audiencia. Jesús no predicaba, contaba historias multidimensionales (parábolas) porque sabía cómo la gente (sus hijos) pensaba.

A veces, estas historias eran simples y otras veces más complejas. Enseñaba en parábolas para que la gente tomara el tiempo para digerir sus palabras y su aplicación. El pan blanco no satisface tu hambre por mucho tiempo. El pan integral tarda más tiempo en digerir, pero satisface el hambre por más largo. Jesús quería que la gente se sostuviera de Su palabra. Hablar en parábolas les hacía detenerse y reflexionar sobre Sus enseñanzas, para que pudiesen internalizar y asimilar lo que decía. Si se levantaban y corrían hacia la puerta como estudiantes de escuela elemental para el recreo, no habría ningún cambio de forma de pensar o carácter.

Cuando se trata del perdón y diversos grados de dolor, todos tenemos diferentes modos de pensar. Sin embargo, como cristianos todos estamos de acuerdo en una cosa. Amamos al Señor y deseamos mostrarle este amor diariamente. Jesús es amor. Siempre que vea su nombre en la Biblia, es bastante fácil de sustituir el nombre de Jesús con esa palabra, *amor*. Incluso en su perturbadora capacidad para mantener y explicar las leyes Mosaicas que otros le acusaron de romper cuando las interpretó a través de los ojos del amor. Eso es a lo que se refería cuando dijo: *"No piensen que he venido a anular la ley o los profetas; no he venido a anularlos sino a darles cumplimiento."*(Mateo 5: 17)

En la base del propósito fundamental de Cristo venir a esta tierra están el perdón y el amor, como lo demuestran sus palabras: *"Porque tanto amó Dios al mundo, que dio a su Hijo unigénito, para que todo el que cree en él no se pierda, sino que tenga vida eterna. Dios no envió a su Hijo al mundo para condenar al mundo, sino para salvarlo por medio de él"* (Juan 3:16-17). Como cristianos, debemos estar bien conscientes del sacrificio del Señor por nosotros. Aun así perdemos de vista el hecho de que Él fue y sigue siendo una persona real, que espera que nosotros le mostremos amor para Él sentir nuestro amor. Si este no fuera el caso, Él no hubiera creado a Adán para la confraternidad. Jesús dio instrucciones simples sobre cómo expresar nuestro amor hacia Él: *"Si ustedes me aman, obedecerán mis mandamientos."(Juan 14:15)*

Para mayor claridad, hizo declaraciones similares como, *"El que me ama, obedecerá mi palabra, y mi Padre lo amará, y haremos nuestra vivienda en Él"* (Juan 14: 23) "Si *obedecen mis mandamientos, permanecerán en mi amor, así como yo he obedecido los mandamientos de mi Padre y permanezco en su amor"* (Juan 15: 10) En sus cartas, agrega el apóstol Juan, *"En esto consiste el amor: en que pongamos en práctica sus mandamientos. Y éste es el mandamiento: que vivan en este amor, tal como ustedes lo han escuchado desde el principio."* (2 Juan 1: 6)

Por lo que entendemos que Jesús quiere que seamos obedientes a Sus órdenes como muestra de nuestro amor hacia Él. Ahora echemos una mirada a algunas de sus instrucciones clave.

- En Lucas 10: 27, Jesús dijo, *"Ama al Señor tu Dios con todo tu corazón, con todo tu ser, con todas tus fuerzas y con toda tu mente"* y: *"Ama a tu prójimo como a ti mismo."* Esta escritura explica que si amas a Dios con todo lo que tienes, entonces puedes amar a tu prójimo como a ti mismo.

- Intensificamos nuestra capacidad de mostrar a Dios nuestro amor cuando obedecemos Sus palabras: *"Y cuando estén orando, si tienen algo contra alguien, perdónenlo, para que también su Padre que está en el cielo les perdone a ustedes sus pecados "*(Marcos 11: 25-26)

Tan simple como es la escritura anterior, hay muchos que la dejan completamente a un lado. Básicamente, Jesús está diciendo que Dios no puede llevar a cabo cualquier acto de perdonarte o escuchar tu oración a menos que usted primero haya perdonado a otros.

Recuerde, el propósito de Cristo en ser crucificado se encuentra en esa palabra, *perdonado*. La siguiente escritura es el ejemplo por excelencia de las expectativas de Dios para nosotros sobre el amor. Si dices amar al Señor y estás teniendo problemas con cómo la gente te ha tratado, puede que desees leer el siguiente conjunto de escrituras de Lucas 6: 27-38 en pequeños bocados.

- *"Pero a ustedes que me escuchan les digo: Amen a sus enemigos, hagan bien a quienes los odian, bendigan a quienes los maldicen, oren por quienes los maltratan. Si alguien te pega en una mejilla, vuélvele también la otra. Si alguien te quita la camisa, no le impidas que se lleve también la capa. Dale a todo el que te pida, y si alguien se lleva lo que es tuyo, no se lo reclames. Traten a los demás tal y como quieren que ellos los traten a ustedes."* (versos 27-31)

- *"¿Qué mérito tienen ustedes al amar a quienes los aman? Aún los pecadores lo hacen así. ¿Y qué mérito tienen ustedes al hacer bien a quienes les hacen bien? Aun los pecadores actúan así. ¿Y qué mérito tienen ustedes al dar prestado a quienes pueden corresponderles? Aun los pecadores se prestan entre sí, esperando recibir el mismo trato. Ustedes, por el contrario, amen a sus enemigos, háganles bien y denles prestado sin esperar nada a cambio. Así tendrán una gran recompensa y serán hijos del Altísimo, porque él es bondadoso con los ingratos y malvados. Sean compasivos, así como su Padre es compasivo."* (versículos 32-36).

- *"No juzguen, y no se les juzgará. No condenen, y no se les condenará. Perdonen, y se les perdonará. Den, y se les dará: se les echará en el regazo una medida llena, apretada, sacudida y desbordante. Porque con la medida que midan a otros, se les medirá a ustedes."* (versículos 37-38)

A resumirlos en breves declaraciones, los comandos de Jesús son básicamente:

(1) Ama a tus enemigos.
(2) Hazle el bien a los que te hacen daño.
(3) Bendice a aquellos que te maldicen.
(4) Ruega por los que te maltratan.
(5) No tomes represalia.
(6) Da libremente.
(7) Trata a los demás de la forma que deseas ser tratado.

Este tipo de amor marca a uno como especial y poseyendo las mismas características que el Padre celestial. ¿Suena difícil? Te dije que este libro no sería fácil de leer si no estás preparada todavía. Para decirte la verdad, la mayoría de nosotros no estamos preparados. Por eso la Iglesia está en el mismo lugar en que Jesús la abandonó hace casi dos milenios. El hecho es si queremos verle a Él tenemos que estar listos.

EL QUE ESTE SIN PECADO...

Jesús tenía una manera de permitir a los seres humanos la gracia de realmente pensar que podrían considerarse a Su nivel, cuando Él podía arrebatar el aliento de sus pulmones con una sutil oleada de Su mano. Pero en lugar de sentenciar la arrogancia del hombre, mostró amor paciente. Esto se ilustra en la historia apócrifa de la mujer sorprendida en adulterio:

"Pero Jesús se fue al monte de los Olivos. Al amanecer se presentó de nuevo en el templo. Toda la gente se le acercó, y él se sentó a enseñarles. Los maestros de la ley y los fariseos llevaron entonces a una mujer sorprendida en adulterio, y poniéndola en medio del grupo le dijeron a Jesús:
—Maestro, a esta mujer se le ha sorprendido en el acto mismo de adulterio. En la ley Moisés nos ordenó apedrear a tales mujeres. ¿Tú qué dices?
Con esta pregunta le estaban tendiendo una trampa, para tener de qué acusarlo. Pero Jesús se inclinó y con el dedo comenzó a escribir en el suelo. Y como ellos lo acosaban a preguntas, Jesús se incorporó y les dijo:
—Aquel de ustedes que esté libre de pecado, que tire la primera piedra.
E inclinándose de nuevo, siguió escribiendo en el suelo. Al oír esto, se fueron retirando uno tras otro, comenzando por los más viejos, hasta dejar a Jesús solo con la mujer, que aún seguía allí. Entonces él se incorporó y le preguntó:
—Mujer, ¿dónde están? ¿Ya nadie te condena?
—Nadie, Señor.
—Tampoco yo te condeno. Ahora vete, y no vuelvas a pecar."
(Juan 8: 1-11)

Observe la calma de Jesús en medio de lo que era una situación peligrosa. En virtud de la legislación Israelí de aquellos días, el adulterio constituía una cosa atroz y vil. Una mujer atrapada en ese pecado era usualmente apedreada públicamente. Sin embargo, Jesús le dijo que incluso el hijo de Dios la perdonaría, siempre y cuando accediera a dejar de pecar en buena fe. La mayoría de nosotros está más que dispuesta a colgar a otros en la Cruz por sus males. En lugar de reconocer que todos tenemos pies de arcilla, muchos de nosotros están deseosos de unirse a la turba y observar la gente ahogarse hasta la muerte con las palabras que usamos para ahorcarlos.

Echemos un vistazo a los diez mandamientos del Éxodo 20: 3-17, para ver si pasamos la prueba de fuego.

Uno: "No tendrás otros dioses delante de mí."

Muchos de nosotros fallamos este mandamiento en el momento que nos identificamos por nuestra profesión y lo que aspiramos a lograr. En esta economía, muchos de nosotros estamos más preocupados por pagar deudas que en nuestra caminata diaria con Dios.

Dos: "No te harás imagen, ni ninguna semejanza de lo que esté arriba en el cielo, ni abajo en la tierra, ni en las aguas debajo de la tierra."

Este mandamiento significa que no debemos crear en nuestras mentes lo que no sabemos con certeza acerca de Dios. El modernismo de hoy le ha dado al hombre la audacia de reducir el razonamiento de Dios a su nivel. Esto contradice las palabras de Moisés: *"Lo secreto le pertenece al Señor nuestro Dios, pero lo revelado nos pertenece a nosotros y a nuestros hijos para siempre, para que obedezcamos todas las palabras de esta ley."* (Deuteronomio 29: 29)

Tres: "No tomarás en vano el nombre de Jehovah tu Dios, porque Jehovah no dará por inocente al que tome su nombre en vano"

Es probable que escuches Su nombre indebidamente utilizado una docena de veces al día. La gente a menudo exclama, "Oh D--- mío" o peor aún, maldicen en ira contra el nombre de Dios. En el antiguo Testamento, el nombre de Dios era considerado tan Santo que no podía ser pronunciado.

Cuatro: "Acuérdate del día del sábado para santificarlo"

El sabático estaba destinado a ser un día de descanso y culto, no un día para ponerse al tanto con todo en la Oficina, ir de compras, o ver deportes todo el día.

Quinto: "Honra a tu padre y a tu madre, para que tus días se prolonguen sobre la tierra que Jehovah tu Dios te da"

Este es el primer mandamiento que viene con una promesa. Pablo amplió al respecto en su carta a los Efesios: "*Hijos, obedezcan en el Señor a sus padres, porque esto es justo. «Honra a tu padre y a tu madre —que es el primer mandamiento con promesa—para que te vaya bien y disfrutes de una larga vida en la tierra*'" (Efesios 6: 1-3). Sin embargo, cuántas personas (incluido los cristianos) deshonrar a sus padres, ya sea por sus palabras, acciones o simplemente son negligentes con sus padres envejecientes. Podemos saber nuestra capacidad para mantener este mandamiento por las palabras y pensamientos que tenemos hacia nuestros padres si todavía tenemos la bendición de tenerlos con nosotros.

Sexto: "No matarás"

Así de simple y claro como lo es este mandamiento ¿Cuántas veces hemos tenido pensamientos homicidas hacia nuestros enemigos, e incluso seres queridos? ¿Cuántas veces hemos dicho palabras maliciosas que mataron el espíritu de otra persona? Sin embargo, 1 Juan 3: 15, dice, "Todo el que odia a su hermano es un asesino, y ustedes saben que en ningún asesino permanece la vida eterna."

Siete: "No cometerás adulterio."

Si te detienes en una atracción con una persona fuera de tu matrimonio, o participas en la continuación de la lujuria como persona soltera, a continuación, ya se ha cometido adulterio en tu mente. Como dijo Jesús en el sermón de la montaña, "*Ustedes han oído que se dijo: "No cometas adulterio. Pero yo les digo que cualquiera que mira a una mujer y la codicia ya ha cometido adulterio con ella en el corazón."* (Mateo 5: 27-28) La mayoría de nosotros no persigue nuestros pensamientos y fantasías por temor a ser atrapado, no porque no es lo correcto.

Ocho: "No robarás."

      No tenemos ni que repetirlo. Basta ser honesto contigo mismo y no trates de insultar la mente de Dios. No te engañes a ti mismo: llevarte a casa una caja de bolígrafos bonitos de la oficina, o llevarte servilletas extras u otros suministros de un restaurante, sigue siendo robo.

Noveno: "No darás falso testimonio contra tu prójimo."

      Otra que está más claro que el agua. Si alguna vez ha mentido o chismeado acerca de un compañero de trabajo, vecino o incluso un miembro de tu familia — sin idea alguna de si las historias que estás pasando son verdaderas — y siquiera participas en tales habladurías, Dios considera eso dar falso testimonio.

Diez: "No codiciarás la casa de tu prójimo; no codiciarás la mujer de tu prójimo, ni su siervo, ni su sierva, ni su buey, ni su asno, ni cosa alguna que sea de tu prójimo."

      Mi comentario aquí es similar a los mencionados anteriormente.Si envidias el estilo de vida de alguna persona, su buena suerte, o el favor de Dios, eso se llama codicia.

FALLANDO OBEDECER

      Delante de los ojos de Dios, pocos de nosotros obedecemos los Diez Mandamientos de la forma que Él tenía la intención fuesen honrados. ¿Qué dice eso sobre nosotros? Las palabras de Cristo en Mateo 7:5 nos vienen a la mente:*"¡Hipócrita!, saca primero la viga de tu propio ojo, y entonces verás con claridad para sacar la astilla del ojo de tu hermano."* Por ello, Pablo escribió que "pues *todos han pecado y están privados de la gloria de Dios"* (Romanos 3: 23). Dios sabía que la naturaleza del hombre era mentir, engañar, robar, ocultar y culpar a otro antes de aceptar responsabilidad. Tan pronto como Dios le preguntó a Adán sobre el pecado que cometió, Adán culpó a Eva en vez de asumir responsabilidad por el hecho de que él estaba a cargo.

Del mismo modo, tendemos a quejarnos, buscar el culpable, o asumir el estatus de víctima antes de mirar dentro de nosotros mismos para originar un cambio. Todos estamos familiarizados con los cambios sutiles que tenemos que hacer dentro de nosotros mismos, especialmente cuando el mundo que nos rodea no está dispuesto a hacerlo. Muchos psicólogos aconsejan que si sus circunstancias no van a cambiar, entonces debes cambiar la forma en que miras a esas circunstancias.

Pronto descubriremos que requiere menos energía tener un cambio de mente y corazón que permanecer atascados en lo mismo. Al final del día, sentirás una carga levantada. El Señor obtendrá la gloria y el enemigo quedará atascado en el pasado.

Ahora que he cubierto lo que la Biblia dice sobre el perdón, ¿Cómo dejamos ir el resentimiento y aplicamos prácticamente la premisa del perdón a nuestras vidas? A continuación presentamos algunas sugerencias:

1. Entendiendo que si eres un cristiano el perdón es algo que debes ofrecer con el fin de llegar al cielo. Es más fácil llegar al cielo adicto a crack, alcohol o pornografía que eligiendo no perdonar a alguien. Recuerda lo que Dios te ha perdonado y la historia del ladrón en la Cruz.

2. Aferrándote al rencor le das el control de tu vida a satanás y al ofensor. Recuerda, es como beber veneno y quedarte esperando que la otra persona muera. Reproduces la ofensa una y otra vez en tu mente como un CD rayado, ensayando la ofensa y llevando amargura y negatividad a todas tus relaciones. Ni tan siquiera mencionar que hacerlo significa que estás fuera de comunión con Dios.

3. Tomar la decisión de perdonar es como llegar a un estado de arrepentimiento. Debes decidir hacer un cambio de papel, alejándote del papel de víctima. Debes decirte a ti misma que la persona que te hizo daño necesita de Dios del mismo modo que tú lo necesitas. Pide al Espíritu Santo que revele las deficiencias en su vida. Recuerda que en la Cruz Jesús dijo a Su padre, "Perdónalos, porque no saben lo que hacen".

4. Entiende que el verdadero perdón no conlleva necesariamente una disculpa. Tampoco significa que la otra persona cambiará. A veces él o ella han muerto o están fuera de tu alcance. Básicamente, el perdón es entre tú y Dios. Como el arrepentimiento, no es un simple acto pero un cambio único en tu forma de pensar y estilo de vida.

5. Simplemente olvidar no es perdón. Olvidar no es negación. Lo que está oculto entra a la vista en los momentos más inoportunos. Sólo porque una ofensa se oculte, no significa que Dios no pueda verla. Los ojos del Señor están en todo lugar, viendo lo bueno y malo en el corazón de los hombres y mujeres.

6. No busques venganza ni siéntate a esperar que Dios sacuda al ofensor muerto. Tu función consiste en perdonar. Ese es tu objetivo. Permanece en tu carril. Dios tiene más recursos y poder para castigar que tú. A medida que tomes estos pasos, recuerda estas escrituras: *"No tomen venganza, hermanos míos, sino dejen el castigo en las manos de Dios, porque está escrito: "Mía es la venganza; yo pagaré», dice el Señor"*(Romanos 12: 19); "*No te alegres cuando caiga tu enemigo, ni se regocije tu corazón ante su desgracia."* (Proverbios 24: 17).

7. La salvación es el techo que Jesús nos provee. Nos protege del fuego infernal y azufre hasta que Él vuelva a reclamar por nosotros. El perdón es el alquiler que pagamos para vivir aquí bajo esa protección.

8. El perdón no es para los seres humanos, pero la Audiencia de Uno que tienes con Jesús a través del Espíritu Santo. Sólo el Espíritu de Dios puede traer perdón por el pecado. Necesitamos el Espíritu Santo para poder perdonar.

9. Si tú eres el ofensor o delincuente en una situación en particular, pide disculpas. Admite lo que hiciste y pídele perdón a la otra persona. Puede que no lo recibas inmediatamente. Eso es una cosa que tienen que trabajar

entre el Señor y ellos mismos. Sólo sabe que hiciste lo que se supone que hicieras.

10. Numerosos estudios clínicos muestran que el perdón tiene una variedad de beneficios fisiológicos. Entre ellas están relaciones más saludables, mayor bienestar psicológico y espiritual, menos estrés y hostilidad, disminución de la presión arterial, menos síntomas de depresión, ansiedad, dolor crónico y menor riesgo de alcoholismo y abuso de sustancias.

11. Conozco personas que se aferran al resentimiento como un viejo y maloliente abrigo. Tan pronto cuando llega la temporada adecuada, buscan en el armario y se lo ponen. Al instante se transforman en un proyector de cine antiguo, reviviendo todo el mal que les han hecho, como si estuviesen viviéndolo por primera vez. Poco a poco, la gente comienza a ignorarlos e incluso abandonan la sala. Perdonar te hace mucho más agradable a los demás.

12. Recuerda que al perdonar, te conviertes en un recipiente que el Señor puede   utilizar para Sus propósitos. Cuando busque un recipiente dispuesto, examinará tu   cristal y verá Su reflexión, no el viejo vaso empañado con residuos rencorosos.

LO MÁS DIFÍCIL DE HACER

Hace aproximadamente dos años, se me pidió que sirviera como portador de féretro para un funeral en nuestra iglesia de un hombre de veinte-tantos años que murió de un disparo. No me gusta meterme en la vida de los demás, a menos que sea necesario y se me pida les aconseje. Así que, no sabía ningún detalle; sólo que era el hijo de una familia hispana que acababa de unirse a la iglesia. Un domingo antes del servicio, mientras estaba haciendo copias para la programación de una de mis clases, vi a la madre de la víctima.

Su nombre es Lizette. Una mujer bella y de espíritu transparente- el tipo de persona que camina en una habitación y deseas saber más acerca de ella. Ella es voluntaria en la guardería de la iglesia y siempre ayuda de cualquier manera posible. Estaba hablando con otro miembro y explicando que el juicio por el asesinato de su hijo acababa de tener lugar, y que sentía paz por el hecho de que había perdonado al asesino.

Como yo no sabía los detalles en ese momento, no había manera de hacerme el tonto. Le dije a Lizette que nunca supe lo que había pasado ni que el tirador había sido capturado. Ella contestó que el asesino fue su novia. Mi estómago cayó a mis pies mientras escuchaba la historia por primera vez. En su juicio, el jurado la encontró inocente y quedó en libertad. Con increíble aplomo y fuerza, esta madre había estado ocupándose de esto por etapas. A la vez que ella reflejaba la paz que sólo podía venir por obra del Espíritu Santo, vi la obra de Dios.

Lizette me dijo que sentía que su testimonio algún día bendeciría a otra persona. Una de mis clases siguientes fue sobre el tema del perdón. Le pregunté si ella quería ser la oradora invitada. Ese día, enseñé sobre el perdón (de la misma forma que has leído en este capítulo) y presenté a Lizette. Ella contó cómo después de que la novia le disparó a su hijo, ella atravesó por toda una gama de emociones. Sin embargo, el espíritu de Dios la convocó a simplemente dejar ir ese enojo y resentimiento. *Por lo tanto, le dijo a la chica que ella la perdonaba y simplemente siguió hacia adelante.* ¡Qué poderosotestimonio!

No hay nada más innatural en este mundo que un padre tenga que enterrar a su hijo. No puedo pensar en ningún dolor más grande. Aquí se encontraba esta mujer, hablando de ese dolor y cómo le permitió a Dios completamente tomar esa carga por ella a la vez que trabajaba con su cariñosa familia y la familia de la iglesia. Aunque nunca tuvo la oportunidad de decir, "Te quiero" o abrazar a su hijo por una última vez, ella dijo que sabía que el perdón era el camino de Dios y que primero fuimos perdonados sin ofrecer una disculpa.

Lizette dijo que esperaba que la historia de su hijo prematuramente llevado de esta a esta tierra pueda servir como testimonio a otros jóvenes y padres sobre cómo amar a sus familias: "Mañana no le es prometido a nadie, por lo que usted debe vivir responsablemente y con amor." Cuando Lizette se levantó a hablar delante de este grupo, vi como la gloria de Dios la rodeaba. Sabía que esto sería el

Lastimada Pero Invaluable

lanzamiento de otro increíble capítulo en su vida. Cuando ella terminó de hablar, no había un ojo seco en la sala. Lizette recibió el amor y respeto que merecen una mujer de su talla.

He cubierto mucho material en este capítulo y conozco que probablemente ya conocías la mayor parte de este. Sin embargo, espero que la información haya sido empaquetada de tal forma que puedas fácilmente utilizarla y aplicarla a tu vida o pasarla a otra persona que necesite escucharla. Yo no soy vendedor de perdón. Tampoco estoy tratando de convencerte de algo para ganarme un bono. Simplemente estoy diciendo que el perdón no es un traje que decides ponerte un día y tirar al día siguiente. Es un privilegio ofrecido por nuestro Señor y Salvador, Jesucristo. Elegir aceptar este perdón y compartirloesSu mandamiento, uno que seguimos si le amamos.

Optar por no perdonar es decirle que lo que nosotros hemos sufrido es mayor que lo que Él soportó, negando Su sufrimiento en lacruz. Si es así, hemos decidido vivir por debajo de nuestro privilegio. Mi oración por ti es que elijas hacer esto en nombre del amor a Jesús y nadie más. Oro antes de cerrar los ojos esta noche para que decidas dejar ese costoso e inútil pasado y se lo asignes al Señor, que ha estado pacientemente esperando llevarlo por ti.

Cuando fuera que te ofendieron, Jesús sabía que llegaría el día en que leerías estas palabras y sentirías la paz y consuelo de la voz del Padre Celestial en tu alma. Jesús quiere quitarte ese dolor. Él quiere que sepas que mereces vivir libre de esto, independientemente de lo que te hayan hecho sentir. Muchos han muerto y dejado esta tierra llevando a su tumba pesadumbres sin sentir el poder de Dios para aliviar el dolor y levantar cargas. Jesús no quiere que seas uno de ellos.

Ofrezco esta oración para usted: Dios padre, en el nombre de Jesús, te presento a mi querido amigo para sanar y limpiar la carga en su corazón. Completamente levanta el daño y dolor lejos de ellos. Señor Jesús, entra en su corazón y haz la limpieza en su alma que sólo Tú estás cualificado para realizar. Muéstrales Tu poder para limpiar las manchas invisibles en su corazón. Reemplaza el hueco y herida con la promesa de alegría y vida eterna. Que no exista ningún otro tormento personal ni persecución, pero alivio completo y la capacidad de respirar profundamente. Deja que mi amado amigo tenga el mejor descanso nunca, a medida que él o ella descansa en Tu aprobación personal y la garantía de días mejores. Hagan esto ahora en obediencia, rendición y esperanza en Ti y solo en Ti. En el poderoso nombre de Jesús, ¡Amén!

Mi hermano, hermana, amigo, te ruego que hayas repetido esa oración sabiendo que el Señor la ha señalado para ti. Escribí este libro con el propósito de servir a Dios y completar tu realización personal en las vidas que amas.

Por favor lee este capítulo una y otra vez hasta que las palabras y escrituras adentro ya no sólo sean tinta en una página, pero señales reales que hablan a tu existencia y estado de ánimo. Las escrituras son palabra de vida. Deben tomar vida para poder moverse tal como lo hicieron con Lizette. ¡Tú puedes hacer esto!

Para tu facilidad y conveniencia, a continuación he incluido numerosas escrituras acerca del perdón. Por favor léelas diariamente hasta que tu pasado se convierta en tu testimonio de curación. Este testimonio será para ti poder compartir con la persona que Dios enviará en tu camino y que también está viviendo por debajo de sus privilegios y necesitando algo de verdad.

ESCRITURAS SOBRE EL PERDÓN

Mateo5: 9-12: "Dichosos los que trabajan por la paz, porque serán llamados hijos de Dios.
Dichosos los perseguidos por causa de la justicia, porque el reino de los cielos les pertenece.
Dichosos serán ustedes cuando por mi causa la gente los insulte, los persiga y levante contra ustedes toda clase de calumnias. Alégrense y llénense de júbilo, porque les espera una gran recompensa en el cielo. Así también persiguieron a los profetas que los precedieron a ustedes."

Mateo 5: 44: "Pero yo les digo: Amen a sus enemigos y oren por quienes los persiguen."

Mateo 6: 12: "Perdónanos nuestras deudas, como también hemos perdonado a nuestros deudores."

Mateo 6: 14-15: "Porque si perdonan a otros sus ofensas, también los perdonará a ustedes su Padre celestial. Pero si no perdonan a otros sus ofensas, tampoco su Padre les perdonará a ustedes las suyas."

Mateo 7: 2-5: "Porque tal como juzguen se les juzgará, y con la medida que midan a otros, se les medirá a ustedes. ¿Por qué te fijas en la astilla que tiene tu hermano en el ojo, y no le das importancia a la viga que está en el tuyo? ¿Cómo puedes decirle a tu hermano: "Déjame sacarte la astilla del ojo", cuando ahí tienes una viga en el tuyo? ¡Hipócrita!, saca primero la viga de tu propio ojo, y entonces verás con claridad para sacar la astilla del ojo de tu hermano."

Mateo 18: 21-35: "Pedro se acercó a Jesús y le preguntó: —Señor, ¿cuántas veces tengo que perdonar a mi hermano que peca contra mí? ¿Hasta siete veces? —No te digo que hasta siete veces, sino hasta setenta y siete veces—le contestó Jesús—

Por eso el reino de los cielos se parece a un rey que quiso ajustar cuentas con sus siervos. Al comenzar a hacerlo, se le presentó uno que le debía miles y miles de monedas de oro. Como él no tenía con qué pagar, el señor mandó que lo vendieran a él, a su esposa y a sus hijos, y todo lo que tenía, para así saldar la deuda.

El siervo se postró delante de él. "Tenga paciencia conmigo —le rogó—, y se lo pagaré todo." El señor se compadeció de su siervo, le perdonó la deuda y lo dejó en libertad.

Al salir, aquel siervo se encontró con uno de sus compañeros que le debía cien monedas de plata. Lo agarró por el cuello y comenzó a estrangularlo. "¡Págame lo que me debes!", le exigió. Su compañero se postró delante de él.

"Ten paciencia conmigo —le rogó—, y te lo pagaré." Pero él se negó. Más bien fue y lo hizo meter en la cárcel hasta que pagara la deuda. Cuando los demás siervos vieron lo ocurrido, se entristecieron mucho y fueron a contarle a su señor todo lo que había sucedido. Entonces el señor mandó llamar al siervo.

"¡Siervo malvado! —le increpó—. Te perdoné toda aquella deuda porque me lo suplicaste. ¿No debías tú también haberte compadecido de tu compañero, así como yo me compadecí de ti?" Y enojado, su señor lo entregó a los carceleros para que lo torturaran hasta que pagara todo lo que debía. Así también mi Padre celestial los tratará a ustedes, a menos que cada uno perdone de corazón a su hermano."

Marcos 11: 25-26: "Cuando estén orando, si tienen algo contra alguien, perdónenlo, para que también su Padre que está en el cielo les perdone a ustedes sus pecados."

Lucas 6: 35-37: "Ustedes, por el contrario, amen a sus enemigos, háganles bien y denles prestado sin esperar nada a cambio. Así tendrán una gran recompensa y serán hijos del Altísimo, porque él es bondadoso con los ingratos y malvados. Sean compasivos, así como su Padre es compasivo. No juzguen, y no se les juzgará. No condenen, y no se les condenará. Perdonen, y se les perdonará."

Lucas 11: 4: "Perdónanos nuestros pecados, porque también nosotros perdonamos a todos los que nos ofenden. Y no nos metas en tentación."

Lucas 15: 27-30: "Ha llegado tu hermano —le respondió—, y tu papá ha matado el ternero más gordo porque ha recobrado a su hijo sano y salvo." Indignado, el hermano mayor se negó a entrar. Así que su padre salió a suplicarle que lo hiciera. Pero él le contestó: "¡Fíjate cuántos años te he servido sin desobedecer jamás tus órdenes, y ni un cabrito me has dado para celebrar una fiesta con mis amigos! ¡Pero ahora llega ese hijo tuyo, que ha despilfarrado tu fortuna con prostitutas, y tú mandas matar en su honor el ternero más gordo!"

Lucas 17: 3-4: "Así que, ¡cuídense! Si tu hermano peca, repréndelo; y si se arrepiente, perdónalo. Aun si peca contra ti siete veces en un día, y siete veces regresa a decirte "Me arrepiento", perdónalo."

Lucas 23: 34: "Padre —dijo Jesús—, perdónalos, porque no saben lo que hacen.
Mientras tanto, echaban suertes para repartirse entre sí la ropa de Jesús."

Romanos 5: 8: "Pero Dios demuestra su amor por nosotros en esto: en que cuando todavía éramos pecadores, Cristo murió por nosotros."

Romanos 12: 9-10: "El amor debe ser sincero. Aborrezcan el mal; aférrense al bien. Ámense los unos a los otros con amor fraternal, respetándose y honrándose mutuamente."

Romanos 12: 16: "Vivan en armonía los unos con los otros. No sean arrogantes, sino háganse solidarios con los humildes. No se crean los únicos que saben."

Romanos 12: 19-21: "No tomen venganza, hermanos míos, sino dejen el castigo en las manos de Dios, porque está escrito: «Mía es la venganza; yo pagaré dice el Señor. Antes bien, «Si tu enemigo tiene hambre, dale de comer; si tiene sed, dale de beber. Actuando así, harás que se avergüence de su conducta. No te dejes vencer por el mal; al contrario, vence el mal con el bien."

Romanos 14: 1: "Reciban al que es débil en la fe, pero no para entrar en discusiones."

Romanos 15: 1-2: "Los fuertes en la fe debemos apoyar a los débiles, en vez de hacer lo que nos agrada. Cada uno debe agradar al prójimo para su bien, con el fin de edificarlo."

1 Corintios 2: 12-15: "Nosotros no hemos recibido el espíritu del mundo sino el Espíritu que procede de Dios, para que entendamos lo que por su gracia Él nos ha concedido. Esto es precisamente de lo que hablamos, no con las palabras que enseña la sabiduría humana sino con las que enseña el Espíritu, de modo que expresamos verdades espirituales en términos espirituales. El que no tiene el Espíritu no acepta lo que procede del Espíritu de Dios, pues para él es locura. No puede entenderlo, porque hay que discernirlo espiritualmente. En cambio, el que es espiritual lo juzga todo, aunque él mismo no está sujeto al juicio de nadie"

1 Corintios 3: 1-3: "Yo, hermanos, no pude dirigirme a ustedes como a espirituales sino como a inmaduros apenas niños en Cristo. Les di leche porque no podían asimilar alimento sólido, ni pueden todavía, pues aún son inmaduros. Mientras haya entre ustedes celos y contiendas, ¿no serán inmaduros? ¿Acaso no se están comportando según criterios meramente humanos?"

1 Corintios 6: 7: "En realidad, ya es una grave falla el solo hecho de que haya pleitos entre ustedes. ¿No sería mejor soportar la injusticia? ¿No sería mejor dejar que los defrauden?"

1 Corintios 13: 4-8: "El amor es paciente, es bondadoso. El amor no es envidioso ni jactancioso ni orgulloso. No se comporta con rudeza, no es egoísta, no se enoja fácilmente, no guarda rencor. El amor no se deleita en la maldad sino que se regocija con la verdad. Todo lo disculpa, todo lo cree, todo lo espera, todo lo soporta. El amor jamás se extingue, mientras que el don de profecía cesará, el de lenguas será silenciado y el de conocimiento desaparecerá."

1 Corintios 14: 20: "Hermanos, no sean niños en su modo de pensar. Sean niños en cuanto a la malicia, pero adultos en su modo de pensar."

2 Corintios 2: 6-7: "Para él es suficiente el castigo que le impuso la mayoría. Más bien debieran perdonarlo y consolarlo para que no sea consumido por la excesiva tristeza."

Gálatas 6: 1-2: "Hermanos, si alguien es sorprendido en pecado, ustedes que son espirituales deben restaurarlo con una actitud humilde. Pero cuídese cada uno, porque también puede ser tentado. Ayúdense unos a otros a llevar sus cargas, y así cumplirán la ley de Cristo."

Efesios 4: 1-3: "Por eso yo, que estoy preso por la causa del Señor, les ruego que vivan de una manera digna del llamamiento que han recibido, siempre humildes y amables, pacientes, tolerantes unos con otros en amor. Esfuércense por mantener la unidad del Espíritu mediante el vínculo de la paz."

Efesios 4: 32: "Más bien, sean bondadosos y compasivos unos con otros, y perdónense mutuamente, así como Dios los perdonó a ustedes en Cristo."

Filipenses 2: 3-4: "No hagan nada por egoísmo o vanidad; más bien, con humildad consideren a los demás como superiores a ustedes mismos. Cada uno debe velar no sólo por sus propios intereses sino también por los intereses de los demás."

Filipenses 3: 15: "Así que, ¡escuchen los perfectos! Todos debemos tener este modo de pensar. Y si en algo piensan de forma diferente, Dios les hará ver esto también."

Colosenses 3: 12-13: "Por lo tanto, como escogidos de Dios, santos y amados, revístanse de afecto entrañable y de bondad, humildad, amabilidad y paciencia, de modo que se toleren unos a otros y se perdonen si alguno tiene queja contra otro. Así como el Señor los perdonó, perdonen también ustedes."

2 Timoteo 2: 24-26: "Y un siervo del Señor no debe andar peleando; más bien, debe ser amable con todos, capaz de enseñar y no propenso a irritarse. Así, humildemente, debe corregir a los adversarios, con la esperanza de que Dios les conceda el arrepentimiento para conocer la verdad,de modo que se despierten y escapen de la trampa en que el diablo los tiene cautivos, sumisos a su voluntad."

Santiago 1:5: "Si a alguno de ustedes le falta sabiduría, pídasela a Dios, y él se la dará, pues Dios da a todos generosamente sin menospreciar a nadie".

Santiago 1: 12: "Dichoso el que resiste la tentación porque, al salir aprobado, recibirá la corona de la vida que Dios ha prometido a quienes lo aman."

Santiago 2: 12-13: "Hablen y pórtense como quienes han de ser juzgados por la ley que nos da libertad, porque habrá un juicio sin compasión para el que actúe sin compasión. ¡La compasión triunfa en el juicio!"

Santiago 3: 13-18: "¿De qué le sirve a uno alegar que tiene fe, si no tiene obras? ¿Acaso podrá salvarlo esa fe? Supongamos que un hermano o una hermana no tienen con qué vestirse y carecen del alimento diario, y uno de ustedes les dice: «Que les vaya bien; abríguense y coman hasta saciarse», pero no les da lo necesario para el cuerpo. ¿De qué servirá eso? Así también la fe por sí sola, si no tiene obras, está muerta. Sin embargo, alguien dirá: «Tú tienes fe, y yo tengo obras.» Pues bien, muéstrame tu fe sin las obras, y yo te mostraré la fe por mis obras."

James 5: 19-20: "Hermanos míos, si alguno de ustedes se extravía de la verdad, y otro lo hace volver a ella, recuerden que quien hace volver a un pecador de su extravío, lo salvará de la muerte y cubrirá muchísimos pecados."

1 Pedro 2: 17: "Den a todos el debido respeto: amen a los hermanos, teman a Dios, respeten al Rey."

1 Pedro 2: 21-23: "Para esto fueron llamados, porque Cristo sufrió por ustedes, dándoles ejemplo para que sigan sus pasos. Él no cometió ningún pecado, ni hubo engaño en su boca. Cuando proferían insultos contra él, no replicaba con insultos; cuando padecía, no amenazaba, sino que se entregaba a aquel que juzga con justicia."

1 Pedro 3: 8-9: "En fin, vivan en armonía los unos con los otros; compartan penas y alegrías, practiquen el amor fraternal, sean compasivos y humildes. No devuelvan mal por mal ni insulto por insulto; más bien, bendigan, porque para esto fueron llamados, para heredar una bendición."

1 Pedro 4: 8: "Sobre todo, ámense los unos a los otros profundamente, porque el amor cubre multitud de pecados."

1 Juan 1: 9: "Si confesamos nuestros pecados, Dios, que es fiel y justo, nos los perdonará y nos limpiará de toda maldad."

1 Juan 3: 15: "Todo el que odia a su hermano es un asesino, y ustedes saben que en ningún asesino permanece la vida eterna.

1 Juan 3: 18: "Queridos hijos, no amemos de palabra ni de labios para afuera, sino con hechos y de verdad. "

Judas 1: 19: "Éstos son los que causan divisiones y se dejan llevar por sus propios instintos, pues no tienen el Espíritu."

CAPÍTULO CINCO
TU TIEMPO

EL TIEMPO DE CALIDAD QUE PASAS CONTIGO MISMO TE REVELARA QUE EL OBJETIVO NO ES TU DESTINO FINAL SINO MAS BIEN APROVECHAR LAS OPORTUNIDADES QUE SE PRESENTAN A LO LARGO DE TU VIAJE POR LA VIDA.

¿QUE ES TU TIEMPO?

"Tiempo para mí," "tiempo con sí mismo," "tiempo a solas", "tiempo libre" o "tiempo de mimarse", estas frases son conocidas en todo el mundo con la misma connotación: escaparse. No importa a dónde o por cuánto tiempo. Lo que importa es que lo hagas. Cuando has tenido una vida llena de drama, obligaciones o simple abandono, las leyes del equilibrio y auto-preservación dictan que tomes algún tiempo para calibrar tu mente, cuerpo y alma a la precisa configuración ordenada por el Maestro.

Tu Tiempo simplemente dice: "Tengo que dormir, comer una comida sana, beber agua, limpiar mis pensamientos y reunir mi espíritu a través de intensa oración y estudio de la Palabra". Si el tiempo y recursos son adecuados, *Tu Tiempo* puede implicar tiempo sólo lejos de la rutina para mimar tus sentidos con suntuosas vistas, sonidos, sabores y placeres saludables.

La gente que está dando continuamente de sí mismos, pueden acostumbrarse tanto a mantener las necesidades de todo el mundo que se olvidan acerca de *cuidar de sí mismos*. Colocan tanto énfasis en el bienestar de todos los demás que descuidan el propio. La mejor póliza de seguro para sus seres queridos es estar allí. Si no recuerdas la última vez que tuviste un examen físico y trabajo de sangre, ha sido demasiado tiempo. Si no recuerdas la última vez que tuviste un examen pélvico o una mamografía, ha sido demasiado tiempo. Si nunca has buscado asesoría para síntomas obvios de problemas emocionales y físicos que has mantenido en secreto, por favor, por el bien de los que te quieren y echaran más de menos—toma *Tu Tiempo* y revísate antes de que sea demasiado tarde. Ahora que has superado tu pasado, es hora de empezar a vivir para tu futuro. *Tu tiempo* es una celebración de ti misma.

Lleva adelante esta celebración con la misma pasión y determinación que la mujer con la condición de sangrado que mencionan los Evangelios. Ella tenía un ciclo menstrual que no cesó durante 12 años. Determinada a pesar de lo que dictaban sus circunstancias, no permitió que la multitud la mantuviese lejos de *su tiempo* desanación. Se puso en su vientre y se arrastró hacia su objetivo, la única parte de Jesús que se sentía digna y capaz de tocar: su costura. Su determinación trajo de vuelta un cambio para el resto de su vida. Queridamujer, lucha por este tiempo para tu propio cambio y descubrimiento.

EL ENSAYOHA SIDO CANCELADO

Cuando se trata de seguir adelante, una de las luchasmás grandes a las que te enfrentas es conseguir cierre con las partes de tu vida que tetrajeron sufrimiento. Este cierre es el verbo que hace el perdón una realidad. El cierre trae la paz interior de saber que no ensayarás esto en tu mente más tiempo.

¿Te acuerdas cuando tu canción favorita tocaba constantemente en la radio y, todo el mundo la cantaba o tatareaba como un secreto que todos compartíamos? Después de varios meses o años, esa melodía dejó de ser popular yquedó fuera de estilo. En algún momento esa canción se convirtió en vieja y obsoleta. Cada vez que te encontrabas a ti mismo cantando esa canción en voz alta, las personas te miraban curiosamente porque estabas cantando una canción que ya no se oía. Así es como te ves cuando te aferras a cosas sin cierre. Todo el mundo sigue adelante, pero tú te quedastatareando la misma vieja canción.

Durante la celebración de *TuTiempo* debe decidir que el perdón fue suficiente y que tu espíritu es una mercancía demasiado vital para permitir que cualquier ruido vibre dentro de tus corredores sagrados. Este es el mismo espíritu que te da la comunión con Dios y tu destino. Para lograr el cierre que te mereces, en primer lugar debes decidir que lo que Jesús dioen la Cruz fue suficiente para cancelar tu pasado.

ALGUNAS PARTES REQUIEREN MONTAJE

Esta frase puede causar ansiedad extrema si se carece de la paciencia y pensamiento crítico de un ingeniero. *Algunas partes requieren montaje*describe la posibilidad de tener que seguir instrucciones detalladas y tener el carácter para resistir la crítica que puede provenir de la evidente incapacidad de completar un trabajo.

Aquí es donde debes preguntarte a ti misma preguntasserias como: ¿Estoy trayendo los mismos patrones negativos y destructivos a cada situación? ¿Soy siempre la víctima o a veces el delincuente que rechaza rendir cuentas y mejorar? Tal vez tu ego ha excedido la gracia de Dios, y ahora el resto del mundo ve la verdad. ¿Te has convertido entan adictoa la gratificación instantánea que perdiste toda comprensión de disciplina? ¿Por último, estas atascado en el mismo punto que el año pasado debido al miedo?

Durante la celebración de*Tu Tiempo* es cuando aprendes a aplicar los principios de la verdad a tu vida. Recuerda que en el capítulo 3, "Tomando Dominio," abordamos esos principios de la verdad como:

- *La Verdad no merece ninguna recompensa, ni tampoco dignifica una respuesta, la verdad es suprema y por lo tanto, absoluta.*

- *Cuando internalizamos esta realidad, entonces cambiarse uno mismo y aceptar el mundo tal y como es alrededor de nosotros se hace más fácil.*

Durante esta celebración, no tengas miedo de abrazar tus fragilidades y puntos fuertes. Sólo cuando íntimas con algo, puedes efectuar cambios. En algunos casos, puede llegar como una sorpresa que tú has sido la causa de algunas de las relaciones fallidas en tu vida. En un análisis más profundo, se te puede ocurrirque tú mismaatrajiste a las personas abusivas que produjeronlas conductas que tuviste que soportar.

Lastimada Pero Invaluable

Tu tiempo es donde puedes comprender el hecho de que nunca has sido capaz de ser consolado por nadie porque siempre has sido la persona más fuerte que conoces. Al desprenderte de un falso sentido de fortaleza es cuando puedes capturar intimidad con Dios. Esto es porque quitas todos los ídolos falsos que te separan de Dios, incluyendo ese sentimiento de autosuficiencia. El Señor es el único caballero en armadura brillante que obtiene el crédito por salvarte y poner tus piezas de nuevo.

A medida que te sientas y contemplas los componentes que te hacen una persona hermosa y cautivadora, intentar ver la presencia que encarnan. Mírate en el espejo a ti misma; mírate como el mundo te mira. Sonríe. Práctica sonreír hasta que realmente te guste lo que veas. Pon atu comediante favorito y observa tus reacciones a lo que dicenen el espejo.

No estoy sugiriendo rendirte a la vanidad. Simplemente estoy diciendo que te familiarices con la persona que has descuidado por tanto tiempo. Esa es la mejor manera de darte un abrazo desde dentro. Aprueba de ti misma admirando tu sonrisa, tono de piel y físico. Dile a ti misma que hueles bien cuando sales de la ducha. Si vives sola, habla contigo misma, en voz alta, dándote aliento. Reconoceel sonido de tu voz a medida que hablas cosas amables deti misma. Aprecia el hecho de que puedes lavarte y vestirte a ti misma— millones de personas en este planeta dependen de otros que lo hagan por ellos. Cuando te vistas, tómatetu tiempo para disfrutar de la forma en que dispones detu masculinidad o femineidad. ¿Sabes que hay millones de personas hoy quetú crees son hermosas (o guapos) pero nunca se lo han dicho sus padres u otro Patriarca de su familia?

¿Cuándo fue la última vez que te diste un facial, spa, manicura o pedicura justo porque sí? ¿Cuándo fue la última vez que te sacaste tú mismo a cenar y disfrutar una noche, sólo para ti? Esta celebración de ***TuTiempo*** debe ser vista como una celebración para una persona real y especial, porque tú eres real y especial. Jesús no murió por el resto del mundo menos por ti. Murió por Su relación contigo. Mateo 18: 12 dice, *"¿Qué les parece? Si un hombre tiene* *cien ovejas y se le extravía una de ellas, ¿no dejará las noventa y nueve en las colinas para ir en busca de la extraviada?*

Lo maravilloso sobre Jesús y Dios deser diferentes manifestaciones del mismo espíritu es que pueden perseguir las necesidades de uno y no agotar su existencia para el otro.

Jesús puede seguirte en todas las áreas que deseasque ocupe y aún estar allí para las otras personas por quienes rezas. Ten cuidado al analizarte durante este tiempo y no seas demasiado crítico o complaciente. El objetivo es llegar al punto donde túte conozcas mejor que las personas que te rodean. Con este conocimiento de ti mismo, crea una lista de tus puntos fuertes y débiles. A continuación, revisa la lista para ver qué columna tiene la mayoría de los adjetivos. Mira cómo tus debilidades se comparan con tus puntos fuertes. Por ejemplo, no desearás ser un gran pensador crítico pero pobre a la hora dehacer correcciones y rendir cuentas. También no desearás ser un gran escucha pero incapaz de expresar tus sentimientos aunque tu vida dependiera de ello.

Toma esta evaluaciónen serio. Este podría ser el mejor regalo que puedes darte a ti mismo (además de aceptar a Cristo en tu corazón). No tienes que compartir esta lista con nadie a menos que así lo decidas, pero se brutalmente honesto. Mira hacia elFabricantePerfecto para afrontartus defectos, no a otra persona. A través de la sangre de Jesús, Dios te ve como perfecta. A diferencia del hombre, el amor de**Cristo no juzga tus fallas como competencia con tus puntos fuertes**. Estas cosas simplemente convencen a Sus hijos de la perfección de Su amor. Lo único que quiere es que cada uno de sus seguidores Le ame con todo su corazón y que se traten el uno al otro con buen sentido, de la misma forma que cada persona espera que Él los trate. Eso es todo. Así de simple.

¿QUIÉN SOY YO?

Siempre toma nota de tu valor innato, no lo que haces para ganarte la vida o la situación socio-económica que has alcanzado. Si usted es un hombre de negocios y le preguntara sobre su identidad, no respondasque eres un contador o director general. Si eres abogado o médico, aún así no debes alinear tu identidad con cómo te ganas la vida. La condición humana no impresiona a Dios. Él es el que puede medir las métricas del universo en la palma de Su mano, así que, por tanto lo que has acumulado a través de las oportunidades que te ha ofrecido es de poca o ninguna importancia para Él.

Lo que le agrada a Dios es tu habilidad para seguir Sus mandamientos, como repasamos en "TomandoDominio." Dios quiere convidar con individuos que Le aman lo suficiente para buscar Su rostro y alejarse de los malos caminos. Dios quiere personas que estén dispuestas a amar incondicionalmente y a dar sin necesidad de reclamar nada de vuelta. Si das como si le estuvieras dando a Dios, perdonas como si Élhubiese causado la ofensa, y amas como si fuese la única emoción que Él ha programado en ti, entonces puedes realmente decir que sabes quién eres. Estarás inextricablemente entrelazado con el Espíritu que ha creado todos los espíritus.

A medida que buscas definición en tu persona, pídele al Señor que te complete en todas las áreas quete faltan. No importa nuestra edad, todos somos iguales a niños que vagan por el patio de la escuela buscando a alguien con quien jugar, excepto que somos más sofisticados en ocultar nuestros sentimientos e inseguridades. Abretu corazón al Señor y pídele que te complete. Cuando digo completarte, quiero decir que sólo Él puede llenar todos los vacíos que tú tan vigorosamente intentas llenar.

Toda persona tiene algún tipo de maldición generacional que aparentemente le ha definido desde niño. Para algunos fue el egoísmo o comportamiento frío heredado de un abuelo o padre. Estos rasgos han definido a muchas personas durante la mayor parte de sus vidas. Cuando se dan cuenta de que estas cualidades no les traenéxito, se ven obligados a encerrar estas manifestaciones concandado y cadena. Pero, ¿Qué puedes hacer para satisfacer la necesidad innata y consolar el dolor de saber que no has sido la mejor persona?

Cuando primero despiertes, intenta esto antes de tener una conversación con cualquier otra persona:

1. Encuentra un lugar tranquilo y di el Saludo Matutinoal Espíritu Santo en el capítulo de "Tomando Dominio".

2. Después de completar esa oración, pídele al Espíritu Santo por Su orientación e instrucción a través de todos los lugares oscuros entu vida. Dile que necesitas desesperadamente alisar las arrugas detu carácter.

3. Pide al Señor que elimine cada maldición generacional que te ha sido transmitida.

4. Pide el Espíritu Santo que te de valor y sabiduría para aceptar los cambios que debes hacer en tu vida con el fin de acomodar Su voluntad.

5. Clama por Dios del mismo modo que lo harías si tus piernas estuviesenatadas y fueses arrojado a una piscina de 12 pies de profundidad en agua helada. Tus gritos desesperados por ayuda de salvación penetraran la atmósfera celestial y tocarán el corazón de Jesús para convocar a todos los ángeles y recursos terrenales para venir a tu rescate.

6. Lo mismo es cierto con cuestiones que te matan lentamente y separan del amor de Dios. Hay un viejo dicho que dice que si pones una rana en agua hirviente saltaría fuera. Pero si la pones en agua tibia y la calientas lentamente, se cocinaría a muerte. El enemigo está empleando el mismo método con nosotros. **Tu destrucción no sucede de una sola vez, sino a través de una combinación de cosas, poco a poco, con el tiempo.**

7. Pide al Señor que abratus ojos a la gente y situaciones entu vida que te están llevando lejos de tu destino en lugar de contribuir a él.

8. Pide al Señor que elimine las opcionesmúltiples para que sólo recorras la ruta de acceso que Él te ha dado. Por mucho tiempo hasestado distraído por otros y su agenda. ¿Ahora, no es tiempo de que persigas lo que Dios tiene para ti?

9. Dios es un Dios de acatamiento. Incluso puedes pedirle al Señor que discipline tu mente y antojos para que puedas comer menos alimentos malsanos y más de los alimentos buenos para ti. Cuando se trata de la alimentación, nuestro Dios es también un Dios de controlar porciones. Si lo pones en una caja como el resto de la sociedad, entonces sólo hará cosaspequeñas en tu vida. Si lo ves como el Dios del universo le verás realizar grandes y poderosas obras a través de ti.

10. Delante de ti en una mesa, coloca una lista de tus malos hábitos, tales como la computadora que te tiene adicto a pecados secretos, sitios de redes sociales o incluso artículos alimenticios. Forma un pacto con el Señor para cada uno pidiéndole que quite los deseos carnales en este ámbito y a cambio le darás un recipiente más limpio que utilizará para su gloria. Ha trabajado para mí y decenas de otros hombres y mujeres.

AQUÍ ES CÓMO

Reza esta oración:

Dios padre, en el nombre de Jesús estoy en necesidad desesperada de que llenes todas las áreas de mi vida. Señor, sé que no he estado viviendo de la forma que debo. Siento mucho todo lo que he permitido interponerse entre nosotros. Sé que no tengo totalmentela culpa, pero tampoco soy totalmente inocente. Padre, por favor, perdóname por todo lo que hice que apenó tu espíritu y te causó alejarte de mí. Señor, en este momento reitero mi vida y todo lo que soy y seré para permanecer a Tu servicio. Señor, Tu eres mi Salvador. Te pido que completamente entres en mi vida a través de tu Espíritu Santo.

Señor Jesús, hay cosas en mi vida que he heredado. También hay cosas que he creado como ídolosfalsos e ilusiones vanas. Por

favor, amonesta el espíritu y la intención de esas características y quítalas de mi espíritu. Por favor, quita el gusto por esos deseos para siempre. Señor, reemplaza esos malos hábitos, pecados secretos, placeres pecaminosos y deseos carnalescon la ansia que tengo por Ti en este momento. Enséñame a estudiar tu palabra, orar y comunar contigo durante todo el día con el mismoentusiasmo que una vez utilicé para perseguir comportamientos pecaminosos.

Espíritu Santo, guíamea las opciones que Te brindan gloria y alabanza. Enseña y guíame mediante la eliminación de distracciones y opciones múltiples quesituaciones puedan introducir en mi vida. Señor, yo no puedo servir a dos capitanes. Sé que Tú eres el único Maestro de mi vida. Por favor, dame una nueva identidad en Ti. Seré cuidadoso de darte toda la gloria y alabanza. En nombre de Jesús, ¡Amén!

Si has dicho sinceramente esta oración, has permitido la misma mano de Dios borrar la atmósfera de filtros falsos y ataques demoníacos contra tu vida. Todo demonio y víbora infernal ha sido ordenado a la huida. Ahora depende de ti mantener ese rumbo con el fin de mantenerlos lejos.

AUMENTA TUS CONOCIMIENTOS

Nunca subestimes el poder del conocimiento. Toma *TuTiempo* como una oportunidad para leer y aprender acerca de las cosas que están fuera de tu zona de comodidad. Por ejemplo, si no tienes ningún interés en la política o deportes, recuerda que no te haría daño saber la respuesta a preguntas como: ¿Qué quarterback de la NFL lanzó los más"touchdowns" en la historia del fútbol Americano? ¿O bien, quien es el juez de la Corte Suprema de Justicia que ha servido por más largo tiempo? ¿Ves cómo algo en que no estás interesado de repente puede volverse interesante? ¿Quieres saber las respuestas a esas dos preguntas? La respuesta es, tienes que buscarlas tú mismo. Además, si te doy la respuesta, perderás la diversión de averiguarlo por tu cuenta.

Estas dos preguntas son sólo una pequeña muestra de los tipos de cositas de información que puedes obtener mediante la lectura e investigación. Añadir conocimiento a tu repertorio te hace una persona más interesante. Convertirte en un individuo informado envía tu valor personal y social por el techo. Anadie le gusta un sabelo todo, pero a todo el mundo le agradan las personas que tienen conocimientos pertinentes y de entretenimiento u observaciones sobre cuestiones de actualidad.

SE EL TERMOSTATO NO EL TERMÓMETRO

Es sorprendente como dos cosas pueden ser tan cercanas en relación pero tan diferentes en propósito. Un termostato es el dispositivo en la pared que establece el calentamiento y enfriamiento de una habitación para dar cabida a la temperatura deseada. El termostato le indica a los elementos de refrigeración y calefacción cuando funcionar y por cuánto tiempo. El termostato controla la atmósfera de una habitación. El termómetro básicamente mide la temperatura. Su trabajo es simplemente reaccionar ante lo que crea el termostato. Debes decidir en cuál de estos dispositivos te has convertido. ¿Eres la persona que responde a la atmósfera creada por otros, o eres tú quien crea la atmósfera?¿Cuándo caminas en una habitación, otros pausan y toman nota de tu presencia oni siquiera se dan cuenta queexistes? Si tu respuesta es esta última, entonces es hora de *que seas el cambio que deseas ver en el mundo.*

Esta cita se asocia con Gandhi. *Debemos dejar de reaccionar ante el mundo alrededor de nosotros y su rápida descomposición y simplemente empezar a contrarrestar esta espiral en descenso mediante el cambio de una mente a la vez a través de nuestra intención persistente deconseguiralgo mayor.* Para de conformartecon el aperitivo mediante la planificación y busca del plato principal. El plato principal es más sabroso y mucho más satisfactorio. Sé un individuo de calidad y no vivascon el ritual cuantitativo de más rápido es mejor. Te mereces algo más que una comida de microondas. Tú eresese raro corte de carne de res y esepescado fresco que sólo se puede encontrar en los mejores restaurantes del mundo. Empieza a portartede la forma en que deseas ser tratado. Si no está a la venta, no lo anuncies. Si está a la venta, no lo empaquetes de forma barata.

No te ofendascontu percepción inicial a mis palabras. Esto puede también aplicarse a tu ética de trabajo como profesional y postura como dama. Si usted está soltera y esperandoque Dios te entregue tu hombre recuerda quetodo hombre de calidad quiere sentirse como si estuviese recibiendo el exclusivo. Él no querrá lo que todo el mundo parece haber tenido.

EL PAQUETE TOTAL

Por ahora, sin duda te has dado cuenta que el tema subrayado en este libro tiene un enfoque holístico hacia ustedes mismos y las vidas que Dios permite en su camino. Utiliza *Tu Tiempo* para vaciar tu taza para uso del Maestro. Si tu taza ya está vacía, entonces limpia cualquier residuo persistente, como las cosas del pasado que te impedíanel servicio al Señor. Si tu taza está limpia, entonces sácale brillo, quitando marcas de agua, residuos de limpiador y cualquier otra cosa que deje huellas.

Cuandotu taza estélibre de residuo y huellas,ponla en la posición adecuada para que el Maestro pueda accederla fácilmente sin tener que buscar tu disposición. En otras palabras, mantén un espíritu limpio y sin complicaciones. Sé transparente ante Dios y Su pueblo. Mantenteabierto para cuando el Señor esté en necesidad que lo representes. Por encima de todas las cosas, sé amoroso hacia sus hijos, asísean salvos o no. Tu amor y bondad pueden ser los ingredientes que faltan en la vida de una personapara estar dispuestos a escuchar un testimonio cristiano sobre el Señor.

Quizás han oído hablar de la necesidad de dar su corazón al Señor pero nunca han percibido ningún amor de otros cristianos. El Reino de Dios no crecerá con personas transfiriéndose de iglesia a iglesia. La Iglesia del Señor crecerá a través de la gente nueva que sea conquistada por el espíritu individual que mejor represente a Jesucristo. Si nunca te he visto reír, jamás me convencerás a visitar un club de comedia. Si tu cabello pareceun nido de pájaros, jamás convencerás a otra mujer a tratar tu estilista de cabello.

Debes encarnar el paquete completo de lo que estás vendiendo. La única forma para representar el paquete completo es cuando reaccionas instintivamente en la forma en que has estado viviendo de forma privada. Entonces y sólo entonces, el mundo que te rodea comprará lo que vendes. Este nivel de conciencia agrada a Dios y te preparará para vivir muy por encima de tu mentalidad pasada. Tu forma de pensar eventualmente dictará tu estilo de vida y las personas y circunstancias que tu vida atrae.

CAPÍTULO SEIS
INVALUABLE

ES MUCHO MÁS FÁCIL PRACTICAR UN DISCURSO DE ACEPTACIÓN QUE ACEPTAR TUS ERRORES DELANTE DE UNA PERSONA. LA GRANDEZA DE NUESTRO DIOS ES QUE ÉL NOS VE COMO LOS GANADORES EN CUALQUIER DE LOS CASOS.

SUMAMENTE Y ABUNDANTEMENTE

En este momento de tu proceso de restauración, encontrarás que buenos pensamientos y palabras de aliento fluyen a través de ti mucho más fácilmente que nunca. Has llegado hasta el punto que te das cuenta que, dentro de ti reside un verdadero santuario. En tu existencia previa, ensayaste y albergaste pensamientos y palabras de odio, ira y resentimiento. Ahora ya no puedes tolerar su hedor. Ya no hay ninguna música de funeral tocando en el fondo de tu mente, convocando turuinaconla sobredosis de argumentos deese alguien que ya no te controla.

Descubrirás que naturalmente estás encontrando tiempo y tomando placer en la belleza natural de todo lo que te rodea. En tu viaje mañanero, notas la sonrisa perfecta y dientes blancos de la modelo de seguros de automóviles en una valla publicitaria. La gente mayor de edad que una vez parecía moverse a tu alrededor como obstáculos,ahora te hacen detenertepara observar la manera digna con la que acarrean su experiencia. Tu recién cosechada sabiduría ilumina la noción deque si eres bendecido para vivir tanto, tú también te portarás con el mismo ritmo y cuidado.

Tu espíritu se transforma en tal sintonía con Dios que estás dispuesto y capaz de escuchar en vez de hablar. Has crecido a tal punto que deseas sumamente y abundantemente vivir para Dios y bendecir la gente que Él pone en tu camino. Cuando logras ese crecimiento, instintivamente pausarás en el momento que se abran tus ojos para decir tu Saludo Matutino al Espíritu Santo. Hablarás con la misma facilidad y familiaridad con querecitaríastu dirección porque habitas en ese estado de ánimo. Comienzas tus días no buscando satisfacción personal, sino oportunidades para bendecir a tu prójimo y hermanos en la fe.

La frase "sumamente y abundantemente" refleja el discurso de clausura de la oración de San Pablo a los Efesios. Pablo afirma que pueden tomar consuelo en el hecho que Dios es capaz de hacer por encima y más allá de todo lo que ellos puedan pensar o comprender. La capacidad infinita de Dios es solo un pequeño aspecto de Su ser. Cuando permitimos enamorarnos de lo grande que es Dios, llegamos al punto de aprender a aceptar lo que Él permite.

Ahora estás listo para perseguir formas de agradar a Dios con la misma pasión que con la que antes perseguías la autosatisfacción. Es como si hubieses sido transformado y acondicionado para actuar como el archienemigo delo opuesto al amor de Dios. A la vez que planteas este tipo de oposición a Satanás, estás dispuesto a sacrificar tus pensamientos y sentimientos para agradar a Dios. Tu vida es vendida al Maestro, nuestro Señor y Salvador, Jesucristo. Este no es el cruel rector que empujan los cristianos plásticos y criticones, pero quien murió por ti y transformó tus moretones en piedras preciosas. Con esta nuevaperspectiva, no realizarás actos de bondad por el agradecimiento que recibirás. Lo harás por la gloria que Dios recibe, lo que nunca te deja sintiéndote vacío. Ahora que tienes este aumento de conciencia espiritual y propósito, he preparado algunas sugerencias que cambiarán tu vida:

1. Busca y destruye.

Esto no es tan amenazante como suena, excepto para el enemigo de Dios. En estas misiones, tu objetivo es destruir las caras tristes y espíritus decaídos que otros llevan. Esfuérzate por poner esperanza en sus corazones y una sonrisa en sus caras. Así de idealista como suena, puedes hacerlo sin ponerteuna peluca y traje de payaso.

Este estado de ánimo no debe ser confundido con actos accidentales de bondad. Apuntas la marcha de esta iniciativa con la palabra hablada. Imagínateestar al mando de un videojuego donde tienes que disparar palabras amables hacia cada ceño fruncido y espíritu desolado que cruza la pantalla. Puede ser algo así: estando de pie en la línea de salida de un supermercado, ves a alguien que parece miserable, tal vez el cajero. Destaca algo que admirar acerca de esa persona y felicítalos. Si es mujer, tal vez su manicura, estilo de cabello, accesorios o piel.

Las misiones de buscar y destruir no son para tipo de personalidad tímida o sensible. Para algunos, ser tan personal con un extraño es imposible. La cultura estadounidense protege las 18 pulgadas de espacio personal con otra persona. Sin embargo, la idea es que la mayoría de la gente estáinsatisfecha con los papeles diarios que tienen quehacer para pagar sus cuentas. A menos que la persona sea segura de sí mismo la tienda verdaderamente apoye a su personal, ser cajero es un trabajo bastante ingrato. Eliminandola atención de su tarea y poniéndola sobre lo que los distingue de esa tarea les hará sentir especial.

Tendemos a confundir nuestro propósito con lo que hacemos día a día. Con una sonrisa, puedes poner a alguien en el espíritu de saludar a la siguiente persona que se encuentren con una sonrisa. Ten en cuenta que esa siguiente persona puede estar teniendo un mal momento y ahora él o ella se encontrarán con un cajero en mejor estado de ánimo. ¿Por qué? Porque tus palabras amablesle recordaron al cajero que no está definido por su tarea, pero que es una persona destinada a cambiar vidas. Puede que actúenen ello con la persona detrás de ti en la línea. ¿Ves lo fácil que es cambiar el destino de una persona?

Cuando esto ocurre, la persona de pie detrás de ti en línea — que aún no sabe tu nombre–puede salir de la tienda de mejor ánimo para el resto de su día. De tú no haber sido obediente a esa oportunidad de bendecir a alguien, esa persona podría haberse marchado aún más consumida con su problema, especialmente después de pagar por sus compras. Tal vez opten por iniciar un mensaje de texto a alguien para animarles. Esta reacción en cadena de devolver el favor puede cambiar varias vidas.

¿Ves el impacto que puedes tener con sólo buscar ofrecer pequeñas bondades en la medida abundante de Dios? ¿Qué tan maravillosa sería tu vida como consecuencia de tu deseo de contantemente buscar y destruir la tristeza? Obviamente, losactos de bondad al azar funcionan de la misma manera, excepto que en estos casos no tienes que decir una palabra. Simplemente colocas un billete de cinco dólares en la mano de una persona o deceleras tu ritmo hacia la caja registradora y permites que vaya primero otra persona. La parte negativa de llevar a cabo una misión de búsqueda y destrucción es que alguien puede rechazar tus palabras. La otra persona puedeincluso parecer ofendida. Admitámoslo: la especie humana es rara.

Pero descansa seguro en el hecho de que si razones piadosas te motivan, Jesús se complace y eso es todo lo que importa. Deja a la otra persona al Espíritu Santo y Élablandará su corazón para recibir la próxima vez. Asegúrate de que si eres rechazado, no te desanimes, escondas en tu caparazón y te enfríes. Lo mejor que puedes hacer es encontrar otra persona y ser doblemente bondadoso. Esto demuestra a nuestra vieja naturaleza pecaminosa y al enemigo del amor de Dios que no han ganado y que hemos crecido más allá de mentalidades egoístas. Recuerdaque tu nuevo nivel de conciencia cristiana, dice que tu vida y acciones ya no son tuyas. Ahora eres un oponente de las fuerzas del mal que intentaronsacarte de carrera.

2. Mantén las manos ocupadas.

Puedes haber escuchado el cliché: "Las manos aburridas son el taller del diablo". Cambia tus mensajes de texto y correo electrónicoen misiles de vida. A la vez que nuestro mundo se vuelve más hábil en el área de medios de comunicación social, ¿Por qué no tomas un momento para preparar una lista de las personas con las que no has hablado en un tiempo? Mejor aún, ¿Por qué no mejor una lista de personas a las que nadie llega?

En cualquier caso, a laotra persona le agradará la idea de que tomaste el tiempo para recordarlas lo suficiente como para compartir un pensamiento amable. Estas palabras no tienen que ser largas ni profundas, sólo sinceras. Puede que te sorprendalo natural que estos gestos se convierten. El hecho es que ya te sentías de esa manera. Sólo estas avivando la amabilidad y amor que desestimaste debido a las distracciones del diario vivir.

He aquí ejemplos de algunos textos personales, notas y correos electrónicos que he enviado:

- "¡Hey! Sólo pensando en ti. Sé que ha pasado un tiempo desde la última vez que hablamos, pero por favor espero que sepas que aunque no soy lo suficientemente talentoso para mantenerme en contacto con todas las personas importantes en mi vida, los quiero suficiente como para pensar y orar por ellos regularmente. Quiero que sepas que tú eres una de esas personas."

- "¡Hey, magnífica! El sol está oscureciendo, así que sonríe."

- "Oye, guapo, ¿Cómo te está tratando Hollywood?"

- "Te extraño, dame una llamada, hermano."

- "¿Recuerdas esas largas llamadas de teléfono que solíamos tener? Soy una mejor persona a causa de ellas."

- "Lamento escuchar sobre tu perdida....solo quiero que sepas que no perdieron la batalla, ganaron la guerra. Ahora están en la presencia del Señor esperando que el resto de nosotros vuelva a casa para comenzar la fiesta. "

Otra gran forma de elevar alas personas es simplemente brindándoles valentía y soporte. Sé un exhortador. Busca siempre alguna forma de decir algo reparador y de apoyo a las demás personas, seao no necesario. Un exhortador siempre busca ser un donante en lugar de un tomador. Un exhortador busca promover el lado positivo de una situación o persona. En tiempos de crisis, el exhortador busca encontrar una base en común y ayuda alos demás a levantarse en lugar de dejar el trabajo pesado a otra persona.

Si se desarrolla un callejón sin salida durante una reunión de negocios o transacción, entonces él o ella mantiene la animosidad al mínimo y siempre ofrecen una perspectiva positiva en lugar de una negativa. Cuando un exhortador entra en la habitación él o ella se convierte en el termostato, cambiando el estado de ánimo y atmósfera de la sala. Todos sabemos de tales personas y hemos sido alentados y guiados por su sabiduría en momentos clave.

Una gran práctica de un exhortador es preguntar discretamente y ofrecer otra perspectiva positiva, incluso cuando una no es solicitada. Este es un ejemplo. Digamos que te incluyeron en un correo electrónico que figuraba malas noticias acerca de alguien. Podrías responder, "Sabemos lo que se debe sentir con este dolor o pérdida y estando en circunstancias similares estaríamos allí también. Recordemos levantar a nuestro hermano y hermana en oración concentrándonos en las muchas cosas acerca de ellos que amamos." Así de ambiguo como se lee, creo que entiendes la idea.

Tomando el valor para ser el primero o el más sincero atraerá lo mismo en otros. Estoy seguro de que has visto esto antes. No importa la ocasión, siempre que tus palabras sean sinceras serán oportunas. La gente puede ser a veces bastante complicada y a veceshasta ingrata. No hagas nada amable esperando gracias. Lo único que importa es que realmente estés haciendo esto en el Señor, la Audiencia de Uno.

3. El regalo del tacto.

Esto es probablemente la más importante de las iniciativas que uno puede seguir en relaciones humanas. Hay numerosos estudios publicados relacionados con la importancia del toque humano. Puedes acceder a algunos en el Instituto Nacional de Salud Mental, una agencia federal, en www.nimh.nih.org. Hay estudios adicionales en el sitio Web de la Asociación Americana de Psicología enwww.apa.org. En ambos casos, escribe las palabras clave, "resultados del toque humano".

Los estudios hablan de los resultados similares que tiene el toque humano en el proceso de curación. El afecto y contacto humano han demostrado conseguir resultados favorables en situaciones de estrés, autismo, depresión y ansiedad. Hay más de 70 millones de estadounidenses que padecen de una forma u otra de enfermedades de salud mental. Antes de seguir adelante, debemos reconocer que todos nosotros en un momento u otro hemos sido víctimas de algún tipo de problema de salud mental. Esto no nos hace más deficientesqueuna personaque, por ejemplo, padece de gripe.

La enfermedad mental puede ser tan benigna como sentirse ansioso antes de una evaluación de trabajo anual o tan dolorosa como el trastorno de estrés postraumático. En cualquier caso, el don del contacto humano tiene un gran efecto hacia la curación. Lamayoría de la gente, especialmente los que viven solos, a menudo no encuentran afecto con regularidad. Túpuedes hacer la diferencia en la vida de alguien eligiendo emplear el método de contacto humano. Esto no significa que tienes que ir abrazando a todo el que te encuentres, en algunos casos, podrían arrestarte por acoso.

Compartir el regalo del tacto es todo a base del momento correcto yel contacto adecuado. Es tan simple como tener una conversación cordial con el anciano que vive solo y poner una mano sobre su hombro mientras le hablaspara enfatizar un punto u ofrecer la garantía que le importas. Dar un abrazo cuando saludas a alguien o cuando te despides de compañía es apropiado y aceptable. Si estás sentado frente a una persona y te sientes cómodo en tocar su mano o brazo mientras hablas, puedesdemostrar calidez y sinceridad.

La otra persona percibirátu sinceridad siempre y cuando te encuentres cómodo. El momento en que el contacto físico se convierte en mecánico o ensayado pierde su valor. Si eres parte de laasamblea religiosa de una sinagoga, templo, mezquita o iglesia puede que los abrazos, besos y apretones de mano sean aceptables, incluso esperados. Hay muchas personas en estos lugares de reunión que no experimentan afecto en ningún otro momento de su vida, incluso si viven en una casa llena de gente.

Recuerda que a veces seremos lo más parecido a Jesús o la Biblia que otras personas ven. ¿Al final del día, está el Padre satisfecho con la forma en que nos tratamos mutuamente en las situaciones que Él permite en nuestro camino? Sé que muchos de nosotros que no están acostumbrados a iniciar contacto pueden sentirse incómodos. Por lo tanto, de la misma manera que practicamos nuestra nueva imagen en el espejo, podemos practicar sinceridad en nuestra expresiones de contacto.

Una de las cosas maravillosas acerca de Jesús es que Él podía tocar alma de una persona sólo mirando en sus ojos. Piensa en esto por un momento. Imagina que el Creador del universo camina junto a ti como lo hizo en la persona de Jesucristo y que impresionante debe haberse sentido el investigar profundamente en sus ojos. ¿Te puedes imaginar la sensación de paz y seguridad que transmitía? Ahora imaginalo bien que le haríamos sentir si rezáramos por la misma habilidad para captar el alma de los demás y alentarnos los unos a los otros con sólo un toque. Esto es posible.

EL DESAFÍO DE NAVIDAD

Lugar extraño para encontrar la palabra, *Navidad,¿*Eh? Seguramente esperas escuchar acerca del espíritu de Navidad en esa época del año cuando estamos de buen humor casi todos los días. Tomé este idea de mi devocional semanal de correo electrónico llamado *Aperitivo para el alma*, que tiene un número de lectores de aproximadamente 14,000 personas de todo el mundo. Es una breve lectura que envío cada lunes por la mañana. Su premisa es capturar la habilidad de tu mente para sobrepasar tus procesos de pensamiento y hacerte ver cómo Dios ve las cosas. (Si estás interesado en recibir éstos mensajes puedes iniciar la sesión en www.thepowerofperspective.net y registrarte. Prometo que no quedarás decepcionado).

Durante la semana de Navidad del 2010 escribí algo llamado "El reto Navideño". Su tema era animar a la gente para mantener la alegría de la Navidad cada día. Muchos creyentes se quejan de la comercialización de la Navidad y los regalos, sin embargo, no se enfocan lo suficiente en dar a Cristo sus regalos a través de la forma en que se tratan el uno al otro diariamente. Aquí está el devocional:

El todo el mundo, la Navidad es la época más feliz del año. Hasta los individuos más apagados y duros de corazón se suavizan y revelan el niño que vive dentro de cada uno de nosotros. Es en esta temporada que todos llegamosa una base común y nos acordamos aser más como Cristo de lo que hemos sido todo el año. No sabemos por qué, pero hay un aire de expectativa y risa alegre, ya sea en nuestras caras o en nuestros corazones. Todos hacemos turno haciendo buenas obras como si entendiéramos que eso es lo correcto. Tomamos cuenta de

nuestras bendiciones y buena fortuna y vemos dentro de nuestros medios, a quién podemos bendecimos y animar.

Aquellos que están tristes y con el corazón roto con los recuerdos de quienes han fallecido reciben expresiones inesperadas del amor de Cristo. ¡Ah!,Navidad, la temporada que trae la alegría, gozo y esperanza que parecía perdida durante el resto del año. Navidad, oh Dulce Navidad, tu intención es muy clara: que nuestro Salvador resucitado viva en la vida diariaque tanto apreciamos.Espíritu Santo, nuestro guía y consejero dejadopara nosotros por nuestro Salvador resucitado, tómanos de nuestra mano y llévanospor la ruta que siguió nuestro Salvador. Recuérdanos que, a pesar de lo sería un día, Él decidió lo que allí sufriría. Él sangrómiserablemente pero no sólo para morir. Resucitó para garantizar que el alma del enemigo en nuestras vidas un día estaría eternamente muerta.

A la vez que consideramos nuestra familia y planes de vacaciones en las próximas dos semanas, recordemos que los Reyes Magos le trajeron regalos en honor de su Majestad y Promesa. Daremos amor y cosas de valor a nuestros seres queridosmerecidamente, pero no debemos olvidar a dar algo al Señor al que tanto le hemos pedido en este último año. Así que, ¿Qué le dasal Rey de toda la creación que concibió las métricas de millones de galaxias? Le das de vuelta lo que Él te trajo aquí a ser. De acuerdo con Lucas 10: 27, Jesús dijo:*"Ama al Señor tu Dios con todo tu corazón, con todo tu ser, con todas tus fuerzas y con toda tu mente"* y: *"Ama a tu prójimo como a ti mismo."*

Jesús no quieren tu Bentley, tarjeta dorada de American Express o un paseo en tu jetprivado. Puedes pensar que Él está impresionado con tu tiempo voluntario alimentando personas sin hogar o incluso dándoles el cambioatrapando pelusa entu bolsillo. ¿Sabes lo que realmente quiere Él esta Navidad? Lo mismo que cualquier padre querría ver todos los días. Que sus hijos se lleven bien y se traten con el mismo amor que queremos que se muestre hacia nosotros mismos.

Dar lo que se tiene en abundancia o en un día programado por un período de tiempo determinado es maravilloso y debe ser elogiado por el hombre. Pero Dios sólo lo cumplirá si se hace con la intención de amor que espera Dios Nuestro Padre.

Esta Navidad, di "Feliz cumpleaños" a Jesús y llevale a su Majestad un regalo de la siguiente manera:

1. Llama a alguien que esté solitario y dile a él o ella que estabas pensando en ellos.
2. Perdona las acciones de una persona o su comportamiento chocante, a pesar de la opinión popular. Después de haber tragado el amargosabor de tu orgullo, dile al Señor que lo hiciste por el Calvario.
3. Daalgo más en tus diezmos y ofrendas. Incluso si es más de lo que estás acostumbrado a dar, si no es suficiente para cubrir una necesidad, que sea para plantar una semilla.
4. Renunciaa un pecado secreto o dos y pídele al Señor que te quiteese sabor y deseo de tu corazón para siempre y que reemplace el vacío con la alegría de saber que estás disponible para acercarte mucho más aÉl.
5. Decide no juzgar a nadie nunca más, porque "Les aseguro que todo lo que hicieron por uno de mis hermanos, aun por el más pequeño, lo hicieron por mí." (Mateo 25:40).

La clave de las palabras en este último pasaje es "por mí".Recuerdaque esta temporadaNavideña es para Él. Por lo que mis queridos hermanos y hermanas, recordemos dar el amor de Jesús entre nosotros para que Él pueda recibirlo a cambio. Ruego por que la alegría completa de nuestro Señor y la paz inquebrantable de su semblante descanse fuertementealrededor y a lo largo de tu vida y todo lo que ames y toques. Ésta intención del Señor contigo es mi oración desesperada por ti. En nombre de Jesús. ¡Amén!

Simple, ¿Verdad? Si nos diéramos cuenta de cuanenamoradosel Señor verdaderamente está de nosotros, no dudaríamos en regresar este amor a Él a través de nuestros hermanos y hermanas.

JUEGA BIEN CON OTROS

¿Suena familiar? Este es uno de los cambios internos más difíciles de realizar. Como personas, tendemos a evaluar a alguien tan pronto como se nos acercan. Tan pronto como vemos su cara, forma de vestir o caminar, determinamos en nuestra mente si nos van o no a gustar. Algunos de nosotros incluso determinamos si alguien nos va a gustar dependiendo en la calidad de sus zapatos. En este momento detu vida y restauración, preocupate más por como el Señor se siente acerca de tu forma de pensar.

Cuando conozcas a alguien nuevo trata de asumir una actitud que diga, "Voy a conocer a otro miembro de mi familia hoy". Si no están en Cristo, míralo de esta forma, "Espero que mi relación con el Señor sea tal que sientan que mi marca de Cristianismo es una que quieran abrazar". Trata de no convertirte en la niña que una vez fuiste en la escuela primaria. Si una mujer que conocesse ve tres veces mejor de lo tú te sientes sobre ti misma, no te conviertas en su peor crítico. De hecho, ya deberías saber que las mujeres más hermosas yque aparentan "tenerlo todo" pueden tener el mayor grado de angustia. Algunas de estas mujeres bonitas han tenido que lidiar sólocon personas falsas.

Imagínate que tú siempre fuiste la chica con la que todos los chicos querían salir y, por ello, fuiste el objeto del desprecioy atenciónde las demás chicas. Esto último significa que conocerías personas pretenciosas que sóloquerían impresionarte para ganar tu afecto o amistad. A nadie le importabantus temores y pensamientos más profundos. Constantemente teníaspersonas en tu cara, tratando de ser lo que no son. Imagínate que cada amistad que tuvieses fuese una mentira.

Así que, la próxima vez que veas una mujer impactante con tipo de princesa y cuerpo perfecto, no asumas que es arrogante y falsa. Hay algunas mujeres hermosas e intelectuales que tienen que hacerse las tontas para ser aceptadas. También hay mujeres de altospuestos que son jueces, abogadas, médicos, políticas, clérigos o empresarias que solo quieren un amigo con quien puedanser ellas mismas. Seamos realistas, la mayoría de los hombres son muy inseguros para manejar una mujer que sea más brillante que ellos. Quizás, sólo quizás, usted podría ser el amigo que esa articulada persona ha estado buscando. Recuerda que si amas la piel en la que estas, también lo hará el resto del mundo.

ESTO ES POR EL CALVARIO

Ninguna declaración de fe declara tu compromiso por el bien de Cristo más que esta: *esto es por el Calvario.* Ella coloca una demarcación en tu existencia. Dice, me estoy posicionando para la cadena más increíble de eventos sobrenaturales que se han producido en mi vida. *Por el bien del Calvario* convoca la atención de la atmósfera al hecho de que algo grande está a punto de hacerse en el reino terrenal que se alineará con la voluntad de Dios.

Cuando tomas esta postura, significa que tu carne ha caído en armonía con la dirección del Espíritu Santo. Tu mente y deseo de agradarte a ti mismo ya no están en control. Ten en cuenta que esta es una de las veces en tu vida cuando "la fe es la garantía de lo que se espera, la certeza de lo que no se ve." (Hebreos 11: 1) Las intenciones de tus acciones serán tan confiadas como el hecho de que la silla en que te sientas aguanta tu peso.

Estos son algunos ejemplos de "momentos del Calvario":

1. Estás tan absolutamente aterrorizado de levantarte delante de otras personas porque eres tan tímido que preferirías morir tranquilamente en una esquina antes de gritar, "¡Creo que estoy teniendo un ataque al corazón!" En una función importante, relacionada con tu trabajo, notas que uno de los ejecutivos principales entra en la sala. Tú y todos los demás están conscientes de que él está recibiendo quimioterapia para una forma agresiva de cáncer. Él se mueve lentamente y parece un poco desorientado. Todo el mundo está demasiado intimidado para reconocer esto. Sin embargo, un momento de calvario te da la gracia para caminar hacia él, ofreciendo un apretón de manos y un abrazo cálido a la vez que le dices que has estado orando por él y estás inspirado por su valentía y tenaz ejemplo de liderazgo.

Puede que creas que no mucha gente vería esto como apropiado o aceptable. El hecho es que, estás en lo cierto. Pero piensa de esta manera: esto se convertirá en un momento crucial en sus vidas. Probable más en la tuya que la de él. Él está batallando con necesitar un nivel de valentía mucho más alto que el tuyo. Aun así, le tocará el hecho que entre esa muchedumbre, alguien pensó lo suficiente de él como para demostrarle bondad. Tu vida cambiará para siempre porque tomaste el momento como lo hizo Pedro cuando vio a Jesús caminar sobre el agua. La diferencia es que tú no comenzaste a hundirte.

2. Una extraña está a punto de tomar el escenario en un importante evento al aire libre y notas sus hermosos pantalones blancos de estilo veraniego,y sandalias fabulosas. Sin embargo, cuando ella pasa un poco más cerca, notas una mancha de color rojo brillante en el lugar más penoso. Al instante, sabesde la vergüenza en que se encontrará si camina al escenario sin darse cuenta. Rápidamente te quitas tu estola, corres hacia ella y murmuras tu observación en su oído. Ella acepta la estola y la envuelve alrededor de su cintura como si nada. Ella sigue con su discurso, mientras notas sus ojos sonriéndotecon gratitud. La única aprobación más poderosa es la paz interna de la cobertura del Espíritu Santo.

3. Usted es el último en llegar a la mesa para almorzar con sus amigos. A medida que te sientas y les saludas, ves a alguien desde otra mesamirándote fijamente con un resplandor maligno. Haces caso omiso de esos ojos penetrantes y continúasdisfrutando de tu compañía. Veinte minutos más tarde,te levantas a utilizar el baño de damas y cuando regresas a tu mesa, observas que tienes una llamada perdida en tu teléfono celular. A la vez que te detienes a verificar tus mensajes ves la mujer caminando directamente directamente hacia ti, como si quisiera enfrentarse contigo. Terminas la llamada, pero tan pronto como guardas tu teléfono, ella comienza a gritarte como una loca.

A continuación, con la misma rapidez, ella se larga. Empiezas a girarte hacia ella para darle su merecido, pero la misma calma que te permitióaguantar su salto verbal te dicta que simplemente tomes una respiración profunda. Miras a tu alrededor; sólo unos pocos empleados vieron este espectáculo. Te observan como si tú tuvieses la culpa y vuelven al trabajo. A medida que vuelves a tus amigos, empezar a decir, "la cosa más loca acaba de ocurrirme…" Sin embargo, antes de quepuedas terminar, una dama mucho mayor que te recuerda atu abuela dócilmente se acerca y te dice: "Querida, siento mucho el comportamiento de mi hija."

Todo el mundo en tu mesa observa en incredulidad. La dama continúa explicando que su hija está sufriendo de demencia y padece de estos estallidos sin razón alguna. Luegoagrega, "Uno de los camareros me dijo lo que sucedió. Asumió que mi hija tenía una enfermedad y pensó que era mejor lo supiera. Me dijode tu total comprensión." A medida que la mujer continúa hablando, rompe en un llanto incontenible y no se puede detener. Te comenda por ser tan amable y queno toda la humanidad está perdida.Te pregunta si eres cristiana y tú dices, "Sí. Mis amigos también lo son." Ella responde, "Estoy feliz de que el pueblo de Dios siga demostrando amor los unos por los otros".

Mientras su comentario te bendice, la prudencia que el Espíritu Santo ha colocado dentro de ti te bendice aún más. Te das cuenta de que si hubieses reaccionadode la manera humana, este incidente no hubiese tenido un final feliz.

LO ÚNICO QUE IMPORTA

¿Te preguntas por qué todos estos ejemplos tienen que ser tan complejos y específicos? La respuesta: son historias verdaderas que gente real como tú ha experimentado. Todas ellas tenían una cosa en común. Normalmente, la naturaleza humana de estas personas las habrían llevado a comportarse de forma totalmente opuesta, pero todos ellos compartían el mismo encuentro con Cristo.

En el primer escenario, esta mujer estaba leyendo su Biblia una noche y fue capturada por la historia de un momento muy humano que Cristo tuvo en el jardín de Getsemaní, cuando Le pidió a Dios eximirlo de tener que afrontar lo que se presentaba delante de él. Al instante, ella se vino abajo y cayó en el piso de su dormitorio, llorando histéricamente. Se dio cuenta de que Él realmente no quería morir, ni quería soportar la humillación y flagelación pública. Lo que atenazó su alma fue la declaración del Señor, "Que no se haga mi voluntad, sino la Tuya." Ella supo que el amor de Jesús por ella había cambiado Su mente.

Para la mujer en el escenario número dos, su epifanía llegó cuando ella estaba teniendo un amorío adúltero que duró casi tres meses. Su marido estaba enfermo y comenzó a sentirse débil en sus deseos sexuales. Aunque ella sabía que nunca le dejaría, extrañabasentirse satisfecha sexualmente. Un día, a través de una cadena de acontecimientosel enemigo permitió que la tentación se introdujera y aprovechara de su vulnerabilidad.

Después de tres meses, ella decidió ponerle fin a su unión pecaminosa. Él la dejo ir sin hacerle las cosas difíciles, excepto por una cosa. Le dijo que debía hacerse la prueba del SIDA, admitiendo que sabíaque estaba infectado todo el tiempo pero no le importó. El horror por lo que ella se puso a sí misma mientras exponía a su inocenteesposofue casi más de lo que pudo soportar. El resultado del examen fue negativo y ella se dio cuenta de que había esquivado una bala.

Unas semanas más tarde, recibió una llamada telefónica de su tía, que había soñado con que su sobrina estaba teniendo una aventura. La tía le dijo que Dios cubrió su pecado porque ella había cuidado a su marido enfermo durante tres años sin quejarse. Esa palabra de Dios la llevó a buscar la forma de servir a cualquiera que la necesite. Ella prometió al Señor que nunca permitiría que alguien fuese expuesto de la forma que ella lo había sido.

El último escenario fue fácil de entender. La joven mujer en el extremo receptor de la reyerta solía ser el tipo que actuaba antes de pensar. Su reclamacióna la fama era suhabilidad para utilizar el tipo de palabras soeces que podrían haber hecho ruborizar a Satanás. Su experiencia en la carretera de Damasco se produjo cuando sufrió un accidente cerebrovascular que la dejó temporalmente incapaz de hablar. Ledijo el Señor que si le daba la habilidad de hablar de nuevo,que nunca másusaríasu boca para suciedades. El resto es historia.

¿Cuál es tu momento delCalvario? ¿Cuándo en tu vida determinaste que la parte de tu carácter que más ofendía alSeñor debía morir porÉl de la misma forma en que Él murió por ti?Es así de simple. Tienes que decidir si lo amasde tal manera, tal como Él lo pensó en el jardín y miró hacia abajo a través del tiempo y vio lo que estaba a punto de ocurrir en tu vida inocente que dejaríalas cicatricesque aún llevas.Él decidió que Sus cicatrices se curarían, pero si no soportaba la Cruz,tus cicatrices nunca se curarían. ¿No es bueno el Señor?

¿Ahora ves cómo tu dolor era una tasación para el valor redentor que sientes ahora?

¿Y AHORA QUE?

Ahora que tú y yo hemos llegado a conocernos un poco mejor en el espíritu, por favor comprende que he estado orando por ti a lo largo de cada párrafo escrito en estas páginas. Mi deseo es que puedas ir por la vida sin ninguna carga. Tú no eres la suma total de tus experiencias.Tú eres la suma total de como ves a Dios el día de hoy. El Ayer se ha ido y nunca regresará. Hoy es un regalo de Dios, así que dale las gracias viviéndolo de la misma forma que Él dijo en Su palabra. Mañana aún no ha llegado, por lo que no te preocupes por lo que traerá, sólo con lo que Él traerá en tu camino mañana.

Al menos un día a la semana haz como el autor William W. Purkey celebra en sus palabras:

"Tienes que bailar como si nadie te viera,
Amar como si nunca te fuesen a lastimar,
Cantar como si nadie te escuche,
Y vivir como el cielo fuese en la tierra".
                (--De http://www.goodreads.com/quotes/show/10123)

Deja de tomarte la vida tan en serio. Alígrate y muéstrale al mundo que te rodea que la alegría del Señor es tu fuerza. El mundo no te da la fuerza, así que, no te la puede quitar. Dile al Señor que ahora estás libre de tu pasado para que puedas abrazar tu futuro. Vive según sus palabras, "*Hagan brillar su luz delante de todos, para que ellos puedan ver las buenas obras de ustedes y alaben al Padre que está en el cielo."*(Mateo 5: 16).

Dios padre, en el nombre de Jesús, te doy gracias por mis queridas hermanas, hermanos y amigos que han invertido más tiempo en su proceso de curación que yo en escribir estas palabras. Señor, yo sé que has visto y oído todo lo que han sufrido. Ahora, Señor, te pido que les muestres un vistazo a las próximas atracciones que resultarán de servirte y de la felicidad que esto traerá en sus vidas.

Gracias, Señor, por el propósito que le espera a cada lector al otro lado de sus oraciones. Espíritu Santo, ayuda a eliminar las múltiples opciones en sus vidas para que pueden concentrarse en el camino haciaadelante sin la distracción del pasado o aquellos que no quieren que progresen. Espíritu Santo, manténenlos en el centro de Tu voluntad. Padre, continúa inspirando y animando a cada persona leyendo estas palabras a buscar de Ti y sólo de Ti, la Audiencia de Uno. En el poderoso nombre de Jesús, ¡¡Amen!!

Lastimada Pero Invaluable

Inicia una sesión en www.thepowerofperspective.net para mantenerte al tanto de los próximostítulos en la serie de libros de *El Poder De La Perspectiva*. Títulos futuros incluirán libros para niños destinados a temas sobre la conciencia espiritual y el desarrollo de buen carácter.

Ediciones futuras también abordarán temas más específicos basados en la primera parte de *El Poder De La Perspectiva*.

También puedes suscribirte por correo electrónico para recibir *Aperitivo para el Alma,* nuestro breve devocional semanario que ha cambiado miles de vidas a través del mundo.

Si aspira a ser autor, True Perspective Publishing House puede ser eseinstrumento que le ayudará a contar su historia eliminandola intimidación del proceso de publicación.

Inicie la sesión en www.thepowerofperspective.net para saber más acerca de cómo dejar su marca literaria en esta vida.

Lastimada Pero Invaluable

Sean Cort

El repertorio en múltiples industrias de Sean abarca 25 años comoveteranoanfitrión, escritor, productor y mercaderque abarcatodos los medios de comunicación que existen hoy día. Sean es Presidente y Fundador de The Healing Continuum.com, una iniciativa ciberespacial diseñadacon el fin aumentar los conocimientos sobreuna vida saludable para toda mujer yvidas que tocan.

Grandemente aclamado como "Entrenador de Perspectiva" y Líder ordenado en el Ministerio, Sean seha dirigido a audiencias en estadios de 75.000 personas. El Libro de Sean, **El Poder De La Perspectiva**yel genio de su selloEl Poder De La Perspectiva permite a los individuos ver las circunstancias de la vida ycómo nos interconectan desde múltiples perspectivas a la misma vez. Esta visión holística de la vida enseña a comprender los resultados de nuestras accionesantes de reaccionar. Ésta perspectiva competentemente nos coloca en elasiento de conductor hacia nuestro destino.

Sean escribe un blog para Psychology Today.com y es colaboradorde Salud Mentalpara The Orlando Examiner. Sirve como miembro de varias juntas académicas y sin fines de lucro, a la vez que consultaenvarios aspectos de la industria privada y públicadonde es parte vital delproceso de pensamiento y planificación. El regalo de Seanestá en identificar el detalle dela complejidad para convertirlo en algo sencillo que losindividuos puedan comprender a la vez que motiva las masas hacia un objetivo comúna través de la empatía y la asimilación.

La pasión de Sean por escribir y comunicarlo condujo a lanzar True Perspective Publishing House que le permite exponerSu Ministerio sobre cambiar el proceso de pensamiento de la humanidad hacia una Perspectiva más piadosa. La misión verdadera deTrue Perspective Publishing House es **"completamente empoderar a cada uno de nuestros autores con la habilidad yel acceso de contar su historia sin límites."**

La visión de Sean como Orador, Entrenador de Perspectiva yPublicador es que*"existe un acorde de compatibilidad que entrelazaacada miembro de la familia humana. Aunque ideologíasy localización geográfica nos separe; es la esperanza de* **True Perspective Publishing***que nuestros libros y autores puedan tocar ese acorde, que es el Espíritu de Dios más fácilmente accesible a la vista y*corazón de la humanidad.

Sean también es autor de *Snack Food for the Soul o* **Aperitivo Para el Alma**, un boletín semanal queinspira y desafía el proceso de pensamiento de sus miles de lectoresen todo el mundo. Unabiografía más amplia de Sean puede encontrarse en su páginawebwww.thepowerofperspective.net.

www.ingramcontent.com/pod-product-compliance
Lightning Source LLC
Chambersburg PA
CBHW030943090426
42737CB00007B/517